俺は石巻の大川出身なんだけど、鯨まつりで捕鯨砲を撃ったんだ。中学生の頃だから、かれこれ五〇年くらい前かな。空砲かもしれないけど、張り子の鯨を撃ったもんだよ。まつりの時だけ砲手みたいに本物の捕鯨砲を撃てるんだから、もう嬉しくてね！　当時、砲手って言ったらみんなの憧れの的でね、スターだったんだよ。捕鯨船の乗組員のなかでも砲手は給料も高くてね。いやー本当にカッコ良かったなぁ。あの鮎川でロケした高倉健の映画「クジラと斗う男」みたいに砲手は他の乗組員からも一目置かれる存在だったんだよ。

（八〇代男性）

クジラは、牛肉・豚肉の代用品という意識も強く、子どもの頃は飽きてしまっていました。家でクジラを毎日毎日食べて、さらに給食にも竜田揚げが出てくると「またか！」と思ってね。当時の食糧事情からだけでなく、給食はもともとぜいたくなものではないけど、たまには牛肉や豚肉を食べてみたいなという、あの時の教室の雰囲気が、懐かしくもあります。

（六〇代男性）

給食でよく食べたクジラの竜田揚げは、切り方によってスジっぽかったりして、当たりハズレがありましたね。スジがかみ切れずに飲込むのが難しいだけでなく、おれなんか竜田揚げを食べて歯が折れたことがある。そのぐらいハズレだと固いんだよ。

（五〇代男性）

鮎川浜は、やっぱりクジラの町として栄えてきたから、日常的な食事のなかにいろいろなクジラ料理が出てきます。たとえば、大和煮、鹿の子の味噌漬け、味噌漬けした赤身の炭火焼、煮こごり、竜田揚げ、刺身、クジラベーコン、クジラ汁…。なかでも、クジラの竜田揚げは「おふくろの味」。見た目や味付けなどは家ごとで違っていたけど、うちのお母さんは、片栗粉をたっぷりとまぶした真っ白な竜田揚げを揚げてくれて懐かしく思い出します。

（五〇代女性）

キオクのヒキダシ２

復興キュレーション

語りのオーナーシップで作り伝える〝くじらまち〟

加藤幸治

社会評論社

くじらま

昭和 30 年代の絵はがき

口絵（イラスト作成　蕪武美佳）

1 すくう、のこす

2

ほりおこし、わかちあう

被災地の復興と文化創造活動　72

3

かたらい、おもんばかる

4

つくり、つたえる

はじめに

震災復興と人文学の葛藤

二〇一一年三月一一日午後二時四六分。忘れもしない東北地方太平洋沖地震が発生した瞬間でした。三陸沖を震源とするマグニチュード九・〇の地震は、わが国の観測史上最大、世界規模でも二〇世紀に入って第四の規模の超巨大地震だったといわれています。地震の揺れや津波のみならず、原子力発電所の事故、交通遮断による物資流通の機能停止、ライフラインの断絶等によって多くの被害をもたらし、その規模は死者一五八九四名、行方不明者二五五七名を数えます（二〇一六年九月九日現在、警視庁まとめ）。そのうち宮城県の犠牲者は、全体の六〇パーセントあまりにのぼりました。また、この地震によって発生した津波は、三陸沿岸部で最大四〇メートル以上、仙台平野では海岸から最大六キロメートルあまりが浸水しました。津波で家屋が流されたり、原発事故で退避を余儀なくされたり、地震の揺れによる家屋が損壊したりして、六年八ヶ月が経過した現在でも一三万四一九一人が避難生活を送っています（二〇一六年一一月二九日現在、復興庁まとめ）。

東日本大震災から六年目の現在にいたるまで、被災地は動き続けています。震災一年目のあの困難な毎日。行く先の見えないなかで、復興への思いだけが先走っていた二年目。停滞感があせりへとつながりつつも、それが日常化していった三年目。嵩上げ工事等でかつてのくらしをしめす痕跡が土中に埋もれていくなか、復興後の地域社会のイメージをつめずに誰もが右往左往していた四年目。都市部を中心に復興公営住宅が林立していき、ハード面での復興を実感として感じはじめた五年目。復興の進度に地域格差が開いていくなか、どの地域においてもくらしの再建の着地点が見出せずにいる六年目。被災地の人々にとって、今ほど「私たちのくらしはどのようにかたち作られ、どこへ向かっていくのか」を、みずからの問題として考えたことはなかったのではないでしょうか。

研究者も暗中模索を続けてきました。最近では少なくなったものの、震災二年目、三年目はさまざまな分野で研究会やシンポジウムが開催されました。その多くは、「あの震災で何ができたか」を問題にしていました。目の前の課題に処方箋を出していくような社会科学や、社会の発展に必要なインフラを構築していく工学などと違って、人文学の多くは大震災後の混乱した状況のなかで無力感にさいなまれてきました。しかし、震災から五年が経過し、復興していく被災地の風景が、これまで見たこともない、まるで未来都市のような様相を呈してくると、人々はそこに生活を思い描けずに葛藤し始めています。地域の復興には、過去・現在・未来をつなぐ、そこで生きてきた生活の実感やくらしのイメージが必要とされています。

いつ役に立つかはわからないが、心の豊かさを求めて引き出しに〝何か〟を貯めていくような人文学にとって、復旧期から復興期に移行していく今がまさに正念場です。人々が、災害というインパクトを乗り越えて過去と現在をつないでいく「ひとり一人のくらしの風景」を、心のうちにどのように抱くことができるか、設計図のような理論よりフィールドでの実践が求められています。わたしが専門とする民俗学という学問は、フィールド・ワークを通じて地域の人々と長期的にかかわりながら、人々の生活の歴史を民俗誌として表現します。そこからはじめて何かを語り始めるようなところがあり、正直なところ震災六年目の現在にあっても「あの震災で何ができたか」を論じる材料には乏しいのです。本書で読者のみなさんにお伝えしたいのは、東日本大震災から現在まで、文化財レスキューを出発点として被災地に関わりながら、「ひとり一人のくらしの風景」を紡ぎだしていくための取り組みと、そこから生まれる様々な問いについてです。

わたしは民俗学者であると同時に、ミュージアムを通じて民俗研究を市民社会に位置付ける活動を研究の主軸に置いている〝博物館屋〟です。被災地は文化創造活動における最前線のフィールドであり、そこでのすべての活動がフィールド・ワークです。被災地でのくらしの営みは、目の前のイレギュラーな状況に対するその場しのぎの対応の連続です。しかし、そこにある問題は、「被災地の課題」としてみると特異な状況に見えますが、問題の本質は被災地にとどまらないものがほとんどです。イレギュラーな状況にあって、普遍的な問題が先鋭化して見えやすくなっているにすぎないのです。現場に寄り添いながら問いを見出すのがフィールド・ワークの本分だとすれば、被災地での実践から見えてくるものは現代社会がかかえる、文化をめぐる様々な課題です。

こうしたスタンスを大切にしながら、わたしはミュージアムのコレクションの復旧と、博物館活動を通じた復興への積極的な関与という、二つの面で仕事をしてきました。本書では、このふたつの内容において、現場で考えてきたことを提示していこうと考えています。

ミュージアムとコレクションの復旧

東日本大震災として歴史に刻まれたこの災害の全体像のなかには、文化財や博物館のコレクション等の大規模な被災が含まれています。東日本大震災で行われたこれらの救援活動、いわゆる文化財レスキューの現場は、宮城県だけでも五〇ヶ所を超え、岩手・福島・茨城・長野各県もあわせると一〇〇ヶ所弱を数えます。一つの災害でまたたく間にこれほど多くのミュージアムや収蔵庫が壊滅的な被害に見舞われた例は、世界的にも類を見ない事態でした。

東日本大震災における文化財レスキューでは、文化財保護法において指定された文化財や美術品のみならず、自治体や博物館、公民館等が所蔵する現用文書から古文書、民具、考古遺物、昆虫や動植物の自然史標本に至るまで、広範な文化的な〝財〟が市町村の救援要請をうけてレスキュー対象となりました。そして現在も、資料の保全作業や施設のリニューアルに向けた仕事が進められています。ミュージアムとそのコレクションの復旧は、博物館の基本的な使命をまっとうすることに直結しています。具体的には、市民が歴史や自然、文化を理解したり、コミュニティにおける価値創造のための実践的な活動をしたりするために、欠くことのできない文化的な〝財〟を、見出し、保存し、後世に継承するという使命です。わたしたち学芸員は、市民から負託されてその活動を担っています。

本書で詳述するように、わたしの勤務する東北学院大学（宮城県仙台市）は、大学博物館を窓口として、盗難と劣化が懸念される被災資料を受け入れる「一時保管施設」となりました。担当することとなった石巻市鮎川収蔵庫は、三陸海岸の南端にあたる牡鹿半島の先端に近い場所に位置していました。東日本大震災では、八・六メートルの津波を受け、屋根まで水没して壊滅していました。収蔵資料の内容は、二〇〇五年に石巻市と合併する前の旧牡鹿町が蓄積した考古・民俗・地学資料を中心としたコレクションです。半島部は乗用車でのアクセスが悪く、現地での文化財レスキューの手を入れることができたのは、震災から三ヶ月後の六月に入ってからでした。その後、およそ半年かけて四トントラックで八台分の資料を、仙台市にある東北学院大学に移送したのです。被災資料の保全作業は、本学歴史学科の大学生があたりました。全国の一〇校以上の大学から、のべ五〇〇人を超えるボランティアも参加してもらい、本学の学生・院生とともに津波で被災した資料のクリーニング作業を行ったのです。脱塩作業や二酸化炭素殺虫処理、修復、民俗資料台帳の作成という一連の作業は、二〇一六年三月までの五年間で終え、一時保管した被災資料を石巻市の仮収蔵庫へ返却することができました。

博物館活動を通じた復興への積極的な関与

大震災以来、わたしが取り組んできたもうひとつの仕事である、博物館活動を通じた復興への積極的な関与については、震災の翌年から民俗学を専攻する大学生とともに継続

的に行ってきている被災地での移動博物館を紹介します。わたしは、被災地で復旧したコレクションを素材とした文化創造活動を「復興キュレーション」と名づけています。

キュレーションとは、まだまだ耳慣れない言葉ではないでしょうか。学芸員のことを英語でキュレーターと呼びますが、その学芸員はモノや情報を、収集・整理・分類・保存・管理し、市民が活用できるようにするのが仕事です。そして、蓄積した情報を社会に普及したり、その魅力を知ってもらうための展示

写真：被災前の鮎川浜（2007年6月撮影）〈提供：鮎川の風景を思う会〉

をしたりして、新たな価値を投げかけるのも重要な仕事です。こうした一連の仕事をキュレーションと呼びます。この言葉はおそらく和製英語ですが、海外の研究者との会話でキュレーションという言葉を少し補足しながら使うと、〝言い得て妙だ〟といった表情をされた経験が何度かあります。キュレーションという言葉は、情報の収集・整理・分類・保存・管理、そしてそれを意味ある形で社会に提示する活動を指す言葉として、広く浸透してほしい言葉です。

「復興キュレーション」におい

写真：被災後の鮎川浜（2011年6月撮影）〈撮影筆者〉

て、わたしは文化財レスキューをモノの復旧にとどめることなく、むしろフィールド・ワークのひとつのアプローチとして再定義したいと考えています。そのために必要なのは、レスキューする専門家――地域住民、救われる財――救う対象にならないモノ、文化財――生活財、残すもの――残さないもの、形のあるもの――形のないものといった、文化財レスキューの前提となるあらゆる二項対立を超えていくような思考の転換です。

わたしは現代のミュージアムに求められているのは、専門知を背景に研究者が見出した価値を市民に普及するばかりでなく、コミュニティの維持や発展において地域の人々が大切にしたいものや、状況の推移のなかで新たな意味や価値を見出していくものを、研究者が受けとめていくような、相互作用だと考えてきました。わたしは、こうした相互作用を「文化創造のインタラクション」と名づけています。

インタラクションとは、相互作用あるいは交互作用と訳され、二つ以上のものが双方向に作用しあうことを意味する言葉です。「文化創造のインタラクション」とは、調査研究による成果を地域の人々に提示する展示などの場において、逆に地域の人々から新たな提案やアイデアが沸き上がり、それを研究者が引き受けてさらに調査研究をして提示するといった、双方向な関係が動き続ける文化創造活動を念頭に置いています。

加えて、復旧から復興にいたる時期をポスト文化財レスキュー期とわたしは呼んでいますが、地域の人々はこの時期、これまでの何を残し、何を新たに作るかの判断をいくつも迫られます。そうしたなかで、地域における歴史や自然、文化に対して様々な意味付与が行われ、あるものは復興の象徴やモニュメントとなり、あるものは忘れられていきます。大震災の爪痕を残そうとする震災遺構をめぐる賛否両論はその典型的な例です。そうした価値がゆらぐ時期だからこそ、被災地には博物館活動が求められるのです。被災した博物館や公民館の活動休止によって生まれる博物館空白は、「文化創造のインタラクション」を阻害するもっとも根本的な要因です。本書では博物館空白を埋める手法のひとつとして、被災地で資料を展示し、地域の方々から使用方法や道具にまつわる思い出について聞き書きを行ったり、ワークショップを行ったりする、移動博物館の実践を紹介します。

民俗学におけるフィールド・ワークは、人々の生活の歴史的展開を明らかにしつつ、それが現代社会のいかなる問題につながっているかを、現場に身をおいて思索を深めるものです。そのために聞き取り調査や参与観察、文献や民具調査等を行うわけですが、調査そのものが地域の文化的な価値掘り起こしとしての性格をもっています。そのため、調査に協力する地域の人々の側にも、様々な意味や価値の転換が起こっていきます。研究者の調査によって、それまで地域では意味を見出されてこなかったものに光があたり、それが文化資源として地域づくりや文化財保護などの方向に展開したり、特定のものが名物化したり、祭や儀礼のあり方の変化を加速してしまったりする場合もあります。さらにより戦略的に地域住民が研究者やその成果を利用したり、研究とは異なる文脈で活用したりすることもよくあることです。また、資料収集や展示をすることで、モノの価値に優劣がついたり、特定のものにお墨付きを与えたりしまうこともあり、はからずも博物館がそれに加担してしまうケースもよくあります。

わたしも実際にそうしたことを経験してきましたが、しかし文化的な実践とはそういう影響をはらんでいるもので、こうした動きを研究の側から一方的に憤っても仕方がないとも考えてきました。研究における文化の価値と、地域の人々における文化の価値は、概してすれ違っているものです。であるならば、そうした状況に対し、積極的に関与していくために研究者はどう行動していくべきか、「文化創造のインタラクション」はそれを考えるための研究の枠組みです。震災復興におけるポスト文化財レスキュー期は、そうした実践が求められる時間なのです。

フィールドの地域概要

本書でとりあげるフィールドについて紹介しましょう。わたしたちが文化財レスキューを通じて関わっているのは、三陸海岸の南端に位置する宮城県の牡鹿《おしか》半島の地域です。南側を表浜、北側を裏浜といいます。

世界三大漁場のひとつに数えられることもある〝三陸沖〟は、寒流と暖流がぶつかり合うことから豊富な海洋資源をたたえるホットスポットです。牡鹿半島は、その三陸海岸の南端に位置し、リアス式海岸を呈した複雑な地形は、多様な漁業文化をはぐくんできました。漁民の広範な技術交流、漁業資本による災害復興、漁業・養殖業の産業化、捕鯨産業の盛衰といった、牡鹿半島の海を基本とした生業の営みは、この地域の歴史や文化を知るうえで重要なテーマです。具体的には、磯根漁業《いそねぎょぎょう》、陥穽漁《かんせいりょう》、底曳漁《そこびきりょう》、近海での刺《さ》し網《あみ》、大《だい》謀網《ぼうあみ》と称する大規模定置網、養殖業、そして捕鯨と、さまざまな海の技術が主要な産業として発達してきました。

とりわけ半島の先端近くに位置する石巻市鮎川浜《あゆかわはま》は、捕鯨文化で栄えた町です。江戸時代は山側に鉱山がある半農半漁の村でした。鮎川浜での捕鯨産業は、一九〇六（明治三九）年、ノルウェー式捕鯨による捕鯨が開始されて本格的に始まりました。これ以降、全国の捕鯨事業を営む企業が競って鮎川浜に進出したのですが、その背景には、「マッコウ城」と呼ばれるほどクジラが集まる金華《きんか》山《さん》沖の漁場から最も近い水揚港という立地条件がありました。鯨肉と鯨油の工場のみならず、骨や髄を用いた農業用肥料やゼラチン、

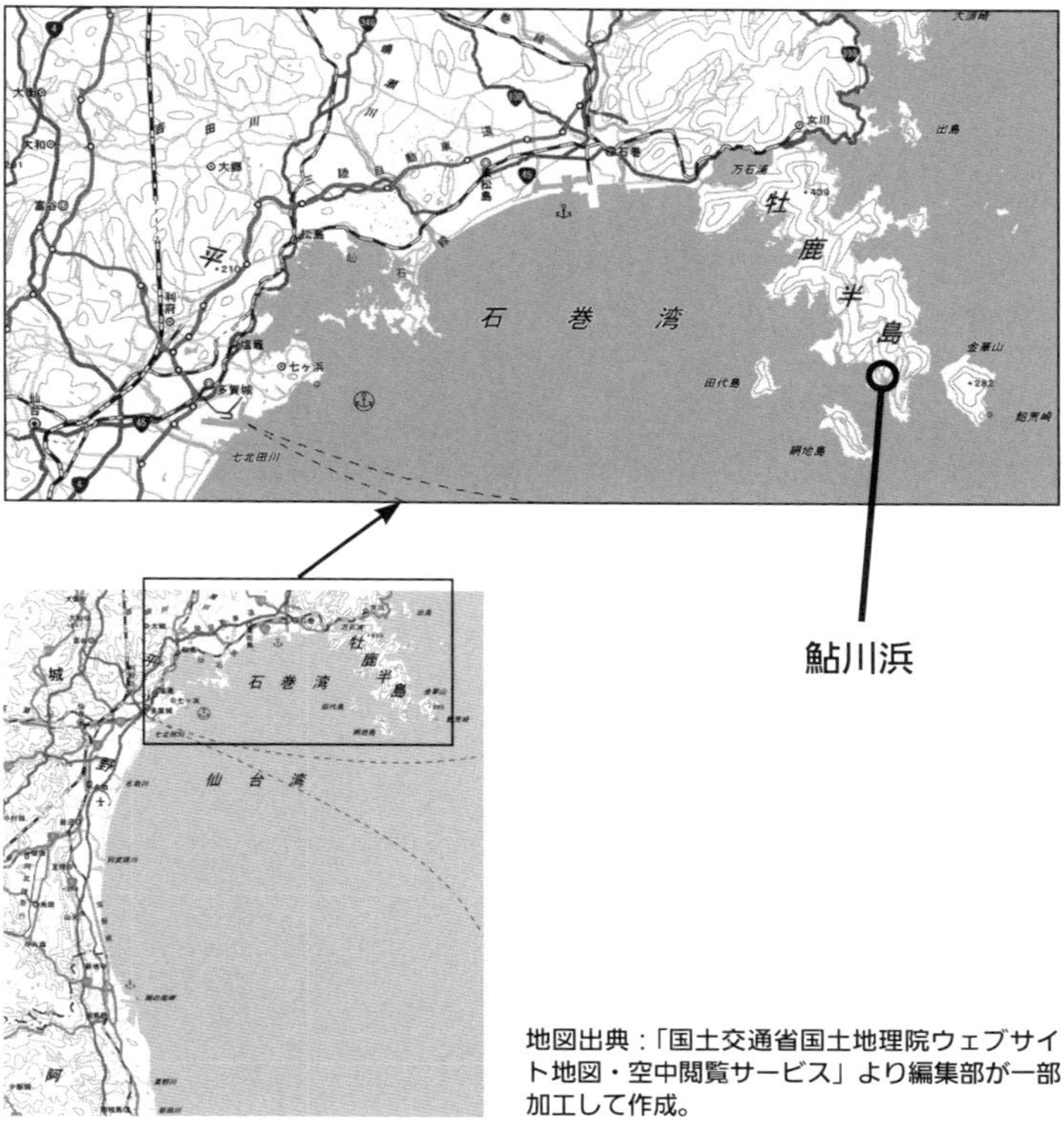

地図出典：「国土交通省国土地理院ウェブサイト地図・空中閲覧サービス」より編集部が一部加工して作成。

テニス用鯨筋ガットなど、クジラを原材料とする製品の加工には、外部から参入した企業と、地元資本によって営まれたものが混在していました。昭和三陸津波のあった昭和八（一九三三）年からは小型捕鯨も開始し、戦中戦後の半島の経済を支えました。そして、半島の素朴な海村は歓楽街や商店街も賑わう町に発展しました。旧牡鹿町役場や郵便局、銀行、電力会社の支店なども一揃い立ち並ぶ町は、神体島として漁民の信仰が篤い金華山へ参詣する渡船の発着場でもありました。

戦後、食料難への対策もあって、南氷洋（南極海周辺）での捕鯨が再開され、鮎川の人々は小型沿岸捕鯨と大型鯨類の遠洋捕鯨にも深くかかわっていきました。しかし一九八二年にＩＷＣ（国際捕鯨委員会）が商業捕鯨モラトリアムを採択、一九八八（昭和六三）年の商業捕鯨完全禁止によって捕鯨産業は衰退していきました。こうした動きと並行して、クジラは観光産業に転換していきました。現在の鮎川では、ツチクジラの小型沿岸捕鯨と調査捕鯨による枠の範囲での捕鯨が続けられています。

1

すくう、のこす

●大規模災害と文化財レスキュー●

東日本大震災と文化財レスキュー

二〇一一年三月一一日の大地震に端を発する東日本大震災をうけて、世界的にも稀にみる規模の文化財レスキューが行われました。具体的には、文化庁の呼びかけによって開始された「東北地方太平洋沖地震被災文化財等救援事業」によって、被災した博物館や図書館、公文書館、公民館等に保管されていた動産文化財の一時避難と応急措置が、二年間にわたって展開されました。また建造物など不動産の文化財については、被災した建造物の修復手法などの技術的支援等を行う「東日本大震災被災文化財建造物復旧支援事業（文化財ドクター派遣事業）」も展開され、現在も保存のための修理が継続的に行われています。加えて、警戒区域等の内部にあり文化財レスキューが遅れていた動産文化財をレスキューする「福島県内被災文化財等救援事業」によって、博物館のコレクション等の搬出作業が行われました。

図は、東日本大震災の文化財レスキューのスキームです。文化庁は呼びかけを行う役割で、文化財レスキューの主体は二〇一一年四月一日に発足した東北地方太平洋沖地震被災文化財等救援委員会（以

東北地方太平洋沖地震被災文化財等救援事業（文化財レスキュー事業）

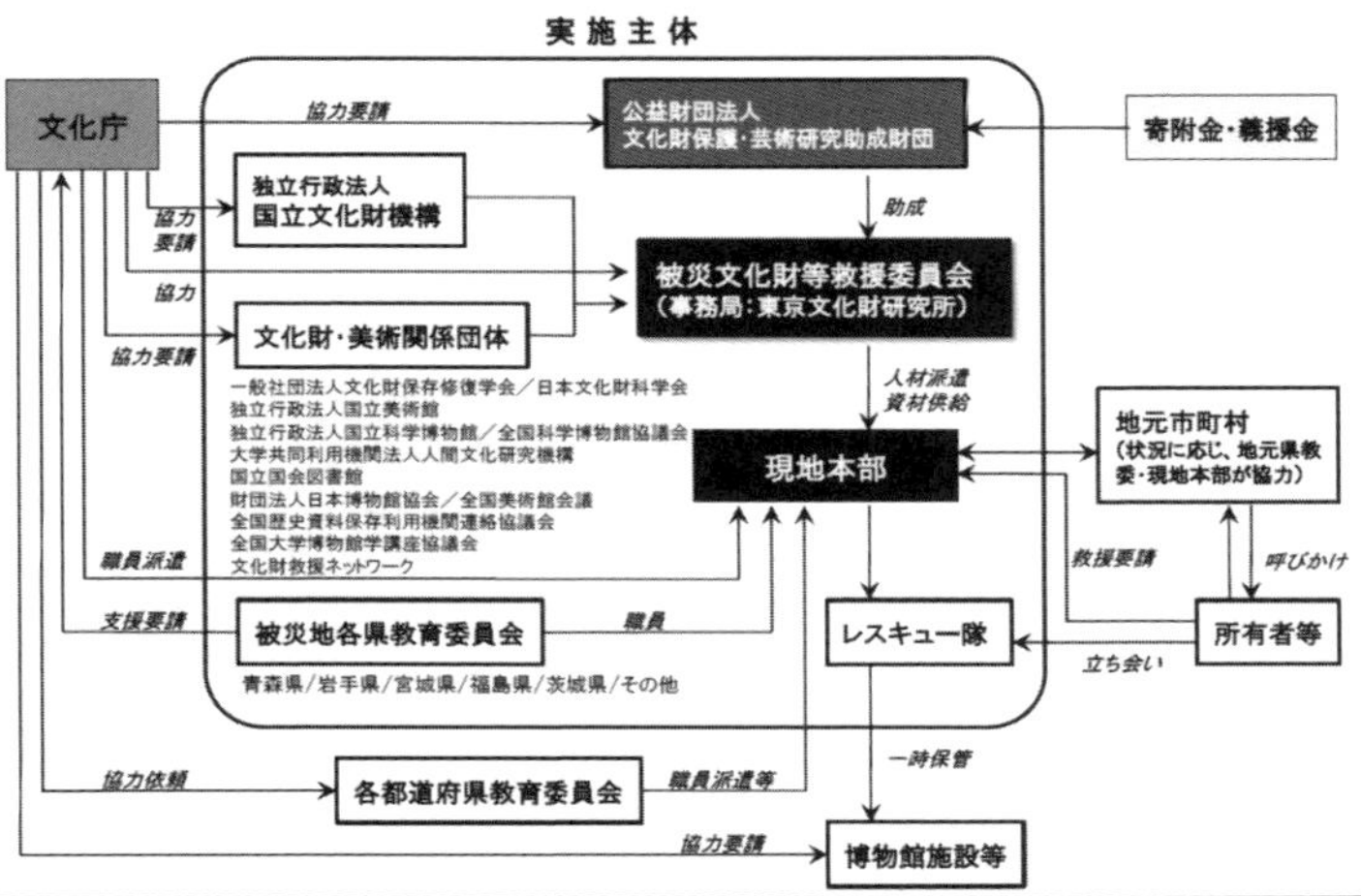

図出典：文化庁ウェブサイト http://www.bunka.go.jp/earthquake/rescue/

下、救援委員会）です。資金は、文化庁長官が国民に呼びかけ、公益財団法人文化財保護芸術研究助成財団に集められた義援金・寄付金を使い、そこから救援委員会に助成されるというかたちがとられました。独立行政法人国立文化財機構東京文化財研究所に置かれた事務局は、資材調達、人材派遣、作業日程や一時保管場所の調整、情報収集などを行いました。実施要項には、文化財レスキューの目的は「損壊建物の撤去等に伴う我が国の貴重な文化財等の廃棄・散逸を防止」することであり、その内容は「救援し、応急措置をし、（中略）博物館等保存機能のある施設での一時保管」することと記されています。また対象は、「国・地方の指定等の有無を問わず、当面、絵画、彫刻、工芸品、書跡、典籍、古文書、考古資料、歴史資料、有形民俗文化財等の動産文化財及び美術品を中心とする」とあり、「当面」は文化財保護法が対象にするものを念頭に置くものの、それらを「中心とする」と記すことで、実際には現場で判断をしながらレスキューをするという柔軟な対応が求められています。

この事業はあらゆる文化的な〝財〟をレスキューするという決意をもって進められましたが、それは多くの文化財・美術関係団体が参加することで実現しました。具体的には、一般社団法人文化財保存修復学会、日本文化財科学会、独立行政法人国立美術館、独立行政法人国立科学博物館、全国科学博物館協議会、大学共同利用機関法人人間文化研究機構、国立国会図書館、財団法人日本博物館協会、全国美術館会議、全国歴史資料保存利用機関連絡協議会、全国大学博物館学講座協議会、文化財救援ネットワーク、および被災地の地方学会等です。現在はこれに加えて図書館関係の機関や全国組織、民間所在の古文書等の保全を目指す歴史資料ネットワーク等の活動団体、文化財建造物の保全に関わる団体なども加わり、文化遺産防災ネットワークとして連携の強化がはかられています。

宮城県では、いちはやく現地本部が仙台市博物館に設置されました。ここに国や関係機関の文化財の専門家や、全国の博物館からのボランティア、わたしのような被災地の大学の研究者などが集められ、毎日異なるメンバーでレスキュー隊が編成されました。四月末、もっとも大きなコレクションが被災した総合博物館である石巻文化センターでの文化財レスキューを皮切りに、宮城県内では現地本部の指示のもと大規模な文化財レスキューが始まったのです。

なぜ文化財レスキューの現場は多いのか

素朴な疑問として、そもそもなぜ多くの現場で文化財等が被災するのでしょうか。なぜ末端の市町村にいたるまで大量の資料が所在するのでしょうか。それは、一次資料が地域に蓄積されていった歴史、少しうがった言い方をすれば、地域に資料が〝釘付け〟になっていった経緯と無関係ではありません。

最も大きな要素は、昭和四〇年代以降の地域博物館の建設ラッシュです。国の補助金等によって博物館施設が建設されていき、学校教育や生涯学習、観光などの施策と密接に絡みながらその数を増やしていきました。それとパラレルに進んだのが、自治体史編纂事業の隆盛です。一〇~二〇年といった長い年月をかけて編纂される市町村史は、刊行後に大量の史資料を自治体に残し、小さい町村ではその後の整理作業はおこなわれ難く、役場の倉庫や図書館の一室に保管されることが多いのです。また、戦後は開発に伴う行政による発掘調査が圧倒的に増大し、自治体は大量の考古資料の保管に苦慮することになりました。

一方、地方史研究の進展や地域に視座を置いた研究方法の主流化、それに裏付けられた資料の現地保存主義なども、個別地域に史料を保管することの背景にあります。民俗学においても、全国規模の比較研究から、地域における様々な事象の統合的な記述による民俗誌の思考が濃厚となっていき、民具の収集保存運動の理論的基盤となっていきました。高度経済成長期、生活様式が激変し、身近な道具が新しいものに入れ替わっていくなかで、「古いもの」は残さなくてはいけないのではないかという、ある種の文化財レスキューを当時の人々はおこないました。そこにはモノの集積によって地域を描けるという思考が働いており、網羅的に数を集めることがひとつの目標となりました。その結果、収集された民具は、たちまち収蔵庫を圧迫することになりました。

被災地での文化財レスキューにおいては、単にそれぞれの自治体の救援要請にもとづいて人を派遣し、資料を回収して保全すれば済むというものではありません。そこに資料が存在するという事実と、その社会的背景に対する想像力をもつことが、保全作業を終えたあとの文化創造活動に結びついていくと、わたしは考えます。

振り返ってみると、わたしは地震から一ヶ月ほど経った頃、この文化財レスキュー事業の実施要項を初めて目にしました。当時の宮城県教育委員会の担当者であった小谷竜介氏（現東北歴史博物館学芸部）から、大学を一時保管施設にしてほしいと打診を受け、文化財レスキューの全体像を知ることとなりました。当時わたしは、まだ避難所や友人宅などを転々としながらくらしていましたが、非常に情報がないなかでも、地域博物館の多くが被災したであろうということは容易に想像がつきました。文化財レスキュー事業の実施要項を何度も読み返し、文化財〝等〟や、「当面」といった表現から、ミュージアムが集めてきたものはとにかくすべて文化財レスキューすることになると理解し、〝博物館屋〟として武者ぶるいしたことを今でも鮮明に憶えています。

文化財レスキューの対象となる動産文化財とは、美術工芸品や歴史資料、古文書、民具、自然史標本、図書資料や現用文書など、あらゆる文化的な〝財〟のうち、公的機関やミュージアム等が災害以前から後世に残すために保管していたものを指します。文化財の救援というと、文化財保護法で指定されたものをレスキューすることになりますが、ここで被災文化財〝等〟としているのは、指定文化財に限らずレスキューすることができる枠組みを目指していることを意味します。ミュージアムや収蔵庫に収蔵されている鍋や鍬などの民具から昆虫標本にいたるまで、あらゆるコレクションが〝等〟に含めることができ、所有者の救援要請によって差別なくレスキューされうるのです。それは、それぞれの地域で蓄積されてきた調査研究や文化実践の履歴を、価値あるものとして評価することをも意味しています。この考え方は、東日本大震災以降の文化財防災における基本的な考え方になっていったという意味で、革新的な枠組みでした。

少し整理しますと、文化財レスキューの対象となるのは、例えば以下のようなものを含むことになります。

国／都道府県／市町村指定文化財

ミュージアムが所蔵する考古・民俗・歴史のコレクション

ミュージアムが所蔵する自然史資料・標本

自治体が管理している現用の公文書
自治体が管理している永久保存文書等
公民館や図書館等が保管する自治体史編纂資料や旧町村の行政文書
図書館が所蔵する貴重図書や歴史資料
図書館が所蔵する開架／閉架の図書資料
各戸が所蔵する未指定の古文書や美術史資料
学校で保管されてきた学校史資料
ほか

文化財レスキューの対象は、公共財としての性格をもっています。指定文化財であれ、文化財〝等〟であれ、それらは地域の歴史や自然、文化を知るために有用なものとして学芸員や文化財の専門職員が意味を見出し、市民のために保存してきたものです。それは個人的な興味に基づくものではなく、地域の人々から負託された仕事によって、専門家や学芸員が打ち捨てられないように保管してきたものです。それが災害によって汚損し、さらに盗難や無為に廃棄される恐れがあるときに行われるのが文化財レスキューです。その意味では、文化財レスキューは復旧作業であり、災害の直前の姿に復旧することを目標としています。

また、文化財レスキューと聞くと、被災地で山積みになった瓦礫のなかから、文化財を拾い集めていくような作業を連想する方も多いようです。しかしそれでは、火事場泥棒と見分けがつきません。実際の現場は特定の博物館や収蔵庫など、非常にピンポイントに設定されます。そしてその作業は、被災した博物館や収蔵庫に安全確認をしながら所有者や行政担当者の立会いのもとで立ち入り、一点ずつ運び出すといった、非常に地道な仕事です。

大学博物館による文化財レスキューへの支援

一時保管施設としての支援は、文化財レスキューに対して大学博物館ができることのひとつです。公立博物館は全国的に収蔵庫不足が深刻なのが現状ですので、被災文化財を受け入れるだけの空間が十分にあいているという館は、ほぼ全国のどこにもないでしょう。この行政で対応できない部分への支援のために、まず必要なことが作業スペースと被災資料の仮収蔵スペースの確保です。被災資料は、虫害やカビ発生の恐れが極めて高いうえ、津波の塩水の影響による塩分を帯びていますので、大学博物館の収蔵庫や展示室内に収蔵することは避けました。そのため、研究資料の収蔵室とか、実習室としてわれわれがふだんから作業場所として使っている教室に加え、もともと暖房のためのボイラー室で今は空っぽな講義棟の地下空間を、収蔵庫として確保しました。

次に、受け入れた資料の応急処置や整理作業にかかる膨大な作業をおこなうため、人手の確保が急務でした。われわれの民俗学ゼミナールは毎年三〇名ほどの大学生や大学院生が所属しており、人海戦術でおこなう資料保全作業のための人員も確保できる見込みがありました。技術や知識は充分ではないけれども、たいへんな意欲がある学生たちです。震災後は教員も学生も非常に生活が困難な状況で、授業がゴールデンウィーク明けに始まっても、みんなうわの空といった感じでしたので、とりあえず体を動かしていくのはいいのではないかと考えました。

こうした収蔵スペースとマン・パワー（作業人員）の確保を見込んだうえで、わたしは県の担当者に、考古・民俗資料を中心とするコレクションのうち、比較的規模の大きく分割収蔵すると整理に支障がでるような資料を一括受け入れする旨を伝えました。県と救援委員会が調整して、石巻市鮎川収蔵庫資料を一括で受け入れることになり、一連の活動が始まりました。

石巻市鮎川収蔵庫資料の受け入れを前に、わたしは大学院生とともに、いち早くはじめ

られた石巻文化センターの文化財レスキュー資料のクリーニング作業に加わりました。石巻文化センター所蔵の民俗資料は、民俗資料の保存科学の第一人者である国立民族学博物館文化資源研究センターの日高真吾准教授を中心としたチームによって、二〇一一年五月から六月にかけて水洗作業が進められていました。わたしは目前にせまった石巻市鮎川収蔵庫の資料の受け入れを念頭に、日高氏の現場にひとりの作業者として参加させてもらい、その作業の進め方やクリーニングの方法、具体的には何を優先しておこない、何を次の段階に積み残すかについて学ぶことができました。

今回のような津波で被災した資料の応急処置は、誰も経験のない作業です。日高氏はふだんの仕事から身体化されているすべての知見を総動員して、状況に対応しているようにわたしにはみえました。被災文化財は非常にカビのスピードが早く、傷みも激しく腐敗も

写真（次頁も）：石巻文化センターの被災民具のクリーニング作業〈筆者撮影〉

ひどいものです。なかには遺留品のようなものもたくさん流入していて、資料か文化財か見分けることが非常に困難なものもあります。また、津波の海水による影響から、水洗いした資料がいっこうに乾かないという状況もありました。塩の結晶とカビがひとつの資料に同居するなど、あまりみたことのない状態の資料もありました。

しかしこのとき従事した、殺カビのためのエタノール噴霧処理、ブラシなどを使ったドライ・クリーニング、ＩＤ番号をつけての資料管理などの作業は、学芸員のわたしにとってはとても馴染み深いものでした。ふだんの学芸員の作業、特に農家や漁家から民具を収集して博物館に搬入したときに、最初におこなう作業と、内容は大きく変わらないという印象をもったのです。この作業への参加によって、わたしは被災文化財の応急処置の多くの作業は、ひとまず日常の延長線上で対応できるのだなという実感を持ち、いよいよ大学で受け入れる石巻市鮎川収蔵庫の現場での文化財レスキュー作業の準備にかかりました。

文化財レスキューの過酷な現場

石巻市鮎川収蔵庫の救援のための最初の現況確認は、二〇一一年六月八日に行われました。この時点で、被災から三ヶ月弱が経過していました。現場には、救援委員会事務局と国立民族学博物館の日高真吾氏、県の担当者である小谷竜介氏、東北学院大学文学部歴史学科の民俗学担当の同僚である政岡伸洋教授とわたしとで赴き、石巻市教育委員会の文化財担当者と石巻市牡鹿支所の公民館担当職員の立会いのもと搬出計画を立てました。石巻市鮎川浜では、津波は八・六メートルの高さにおよび、収蔵庫は屋根まで水没しましたがプレハブ建物と資料の大半は残存していました。しかし、壁面が破られて瓦礫が流入し、奥の壁面から内部の資料が周囲に流出した状況でした。そのため、民俗資料は津波の圧力で押し潰され、考古・地学資料は一面に散乱して埋没していました。隣接する牡鹿体育館は、大量の援助物資の置き場であると同時に遺体安置所として使われていましたが、遺体安置所が石巻市内に統合されたためにそのスペースを被災文化財の仮置き場として確保することになりました。

六月下旬、奈良国立文化財研究所と宮城県考古学会を中心に編成されたレスキュー隊が、考古資料を対象とした第一次のレスキュー活動を行いました。そして翌週の六月二八日と二九日、国立文化財機構と文化財美術関係団体の研究者、新潟や三重のボランティア参加の学芸員、わたしを含む一時保管施設となる大学の研究者など、総勢二〇名あまりで構成したレスキュー隊が、第二次のレスキュー活動として民俗資料の収容をおこないました。現地で救援した資料は、すべてまず隣接する牡鹿体育館に保管し、そこから美術品運搬の専門業者の美術品専用運搬車によって、東北学院大学博物館に搬入していくことになりました。

のちにわかったことですが、この救援委員会による文化財レスキューの作業のまえに、震災直後から現地で活動し、大量のボランティアの受け入れに奔走してきたPikari支援プロジェクト代表の遠藤太一氏らは、石巻市鮎川収蔵庫の周辺の瓦礫撤去や生存者捜索作業のなかで、警察立会いのもとこの収蔵庫およびその周辺での作業をおこなっていました。このとき、大量の資料と思しきモノが、収蔵庫周辺に散らばって風雨に曝されていたので、ひとまず拾い集めて収蔵庫の建物内に運び入れてくれていたそうです。彼のように機転を利かせて対応してくれた今回のケースは幸運でしたが、文化財レスキューにおいて

は最初に現場に入る自衛隊や消防団などの意識次第で、資料の残り方が変わってくるという面もあるようです。

いずれにしても、現地での作業は、圧倒的に非日常的な部分が大きいものです。瓦礫のなかでの作業は、大きな余震が起こるかもしれない、あるいは津波が再び襲来するかもしれない、感染症のリスク、また現地でけがをしても病院は手一杯で余裕がないなど、さまざまな懸念がありました。傷害保険だけは救援委員会でかけてくれているとはいえ、多くのボランティア活動と同様、安全靴につなぎなどの作業服、ゴム手袋などを装備したり、飲み物や食料を持参したりと、個々に準備しなりません。実際、被災地では瓦礫を踏み抜いたり手を切ったりして、破傷風になるケースが非常に多いとのことだったので、破傷風の予防注射も受けました。現地での作業時間は、予想以上に確保することができませんでした。朝七時に出発しても復旧のための車両で大渋滞しますし、地震で道路が破損している場所も多いので、通常の二倍の時間がかかりました。現地では宿泊ができませんから、日帰りで仙台まで戻ってこなくてはなりません。しかし、場所によっては地盤が下がっていて、満潮時に道路が海水で冠水するため、さらに作業時間が制約されます。結局、現地では一日に三時間強くらいしか作業時間がありません。現場では、まず余震による津波を警戒して避難ルートを確認します。また電柱が倒れかけていたり、油が漏れた自動車がそ

前頁写真（上下）：被災した石巻市鮎川収蔵庫〈ともに筆者撮影〉

写真：被災した資料が運び込まれた牡鹿体育館〈筆者撮影〉

のままあったりといった危険を確認しました。

被災地では、非日常的な環境から何が危険で何が危険でないかが分からなくなってしまい、思考停止状態になるものです。例えば、プロパンガスのボンベがたくさん収蔵庫内にも流れ込んでいました。普段だったら、ガスボンベが落ちていたら触りません。作業にとって危ないなと誰もが思ったのですが、手始めに何をしようかとみんなで話し合い、なぜか「じゃあ、まずガスボンベを運ぼう」ということになり、ガスボンベをバケツリレーのようにホイホイと渡していき、最後は瓦礫の横に積み上げました。必死に働き、わたしも勇んで作業しました。しかしそれが終わって、はっと気が付き、お互いの顔を見合わせ、そして青ざめました。瓦礫に揉まれて傷だらけのガスボンベには、ほぼ満タンにガスが充填されていたものもありました。あのときに暴発でもしていたらどうなっていただろう…。二次災害というのはこうして起こるのでしょう。

被災した収蔵庫は手前側の壁がなくなっていて、波が手前から中に入ったことが明らかでした。津波は壁をなぎ倒して、さらに他の壁に穴を開けながら中のものを押し出し、一部の資料は屋外に漏れていました。ふと足下をみると、ガラス片と一緒に埋まった遺跡番号が注記された土器がありました。考古資料が整理された状態で棚に収蔵展示されていたものが、その棚ごと壊れて土砂の中に埋まり、その上に民俗資料が覆い被さっているとい

次頁写真：鮎川収蔵庫でのレスキュー作業〈筆者撮影〉

うのが現況でした。

　民俗資料の文化財レスキューは、おもに瓦礫と資料の選別と被災現場から隣接する体育館への搬出、そしてその整理作業でした。前週に行われた考古資料の文化財レスキュー時に、民俗資料は大半のものがいったん外に出されました。そして、収蔵庫内をまさに発掘作業をするように土砂に埋もれた土器や石器類を回収し、再び考古資料以外のものを収蔵庫内に戻してくれていました。わたしたちの仕事は、収蔵庫とその周辺からものを体育館に運ぶ人、瓦礫と仕分けて資料かどうかを判断する人、回収した資料に資料番号をつけて写真撮影をする人と役割分担をし、文化財レスキューした資料の一覧を作っていく作業でした。二日間で回収した民俗資料は五〇〇件ですが、この一件にはひとつだけの民具もあれば、民具の破片が一〇点以上入っているものもあったので、およそ四〇〇〇点の規模と見積もりました。

民俗資料の保全作業の厄介さ

石巻市鮎川収蔵庫での民俗資料の救援作業においては、目録や台帳がないまま、かつてのコレクションの全体像を把握しながら選別しなければならないという困難さがありました。わたしは民具研究が専門ですので、運び出すものが瓦礫なのか民具なのかをその場で判断する役割も担っていました。ところが、わたしは多くのものを瓦礫なのか民具なのか、自信を持って見分けられませんでした。泥にまみれて汚れた民具は、津波で各家庭から流出して瓦礫となった家財と、見た目はほとんど変わりませんでした。

文化財レスキュー隊は、仏像や西洋絵画、考古学、文献史学など、様々な分野の専門家で構成されているので、民具を専門とするわたしに「これ民具っぽいけいど、資料でいいの?」と頻繁に聞いてきます。わたしは収蔵時に付けられたタグなどを探しながら、「えーっと…」ともたもたしていると「あんた専門なのに判んないの?」となります。収蔵リストも流失している状況では、この収蔵庫にかつて何が収蔵されていたのかを知る手がかりはほんとうに限られているのです。何が資料なのかわからない状況のなかでも、とにかく現場での作業時間が少ないので、最終的にはその「民具っぽい」しか判断基準がないという現実をそのまま受け入れて、収蔵庫内にあるものはできるだけ瓦礫に回さないような判断をしたように記憶しています。この専門家としてはなんとも情けない経験は、わたしにとって非常に貴重なものでした。もともと生活財である民具は、被災して収集者の意図を示すものが無くなると、瓦礫と同じになってしまうのです。つまり、あたりまえのことですが、民俗資料はそれが示すくらしのデータがバックにあるからこそ資料たりえます。ということは、文化財レスキューした資料を、物理的に復旧しただけではかたちばかりの復旧であり、それを収集することで残そうとした価値まで復旧したことにはならないということです。

ところで民俗資料の被災は、量と質の両面からの厄介さを持っています。民俗資料の文化財レスキューにおける量の問題は、古文書、考古資料、自然史標本など、いわゆる未指定文化財にも共通した問題です。こうした資料の場合、古文書が一枚あるだけ、鍋がひとつあるだけ、一匹の昆虫の標本があるだけでは、資料的価値が生まれません。群を形成し、さらに他地域でも同様の資料群が存在して比較できることで、はじめて資料的価値が生まれます。こうした資料は、地域博物館や自治体の地道な調査研究活動で蓄積され、地域研究の素材として学問を発展させてきました。しかしひとたび大災害に見舞われると、膨大な資料の応急処置が必要となってしまうのです。とりわけ、民俗資料はひとつひとつの現場でのレスキューすべき資料点数が多く、非常にかさ張ります。宮城県内で、資料点数の多かった民俗資料のレスキュー現場には、石巻市立石巻文化センター、石巻市鮎川収蔵庫、石巻市門脇小学校、気仙沼市唐桑漁村センター、気仙沼市個人宅（尾形家資料）、女川町マリンパル女川のほか、宮城県南部の個人宅などがありました。

次に民俗資料の文化財レスキューにおける質の問題は、民具を構成する多彩な素材の問題です。平常時でも文化財保存の上では大きな問題となってきたことですが、民具は紙素材、木材、金属が複合するうえに、残されている墨書や使用痕も資料として消してはいけないという独特な条件を持っています。例えば、かつて旅籠を営んでいた家から収集されたひとつの行灯があったとして、それは金属製の釘で固定された木製の枠に漆塗りが施され、そこに和紙が貼り付けられており、枠部分には墨書で料亭の屋号が書かれており、土台部分には仲居が火種を落としてつけてしまった焦げ跡が残っている。さらに同じ料亭から収集されたタンスや衝立、調理用具などとともに収集されたため、そのセットによってその料亭の往時を偲ぶことができる。そういうものが津波の被災で、海水をかぶり、汚泥がこびりつき、破損した状態で数ヶ月間にわたって文化財レスキューできず放置されるのです。錆の進行やカビの繁殖、有機物の劣化が起こり、津波でかきまぜられた資料は多くが変形、破損しています。民俗資料の文化財レスキューは、これをどうするかを現場で考えていかなければならないのです。

そして資料の汚染の内容もまちまちでした。例えば、石巻文化センターの資料は隣接する製紙工場から流出した大量のパルプにまみれ、そこにカビがビッシリと生えていました。津波の最初の到達地のひとつである牡鹿半島の突端に近い石巻市鮎川収蔵庫は、波の勢いによる破損がひどく、言ってみればほぼ全ての資料がバラバラの破片のような状態でした。水産加工工場が林立していた女川町のマリンパル女川の資料は重油まみれになっていました。こうした質的な厄介さは、量の問題とあいまって、とても作業として追いつかないという事態を引き起こすのです。

大学生が担う被災民俗資料の応急処置

東北学院大学博物館で応急処置を行うこととなった資料は、考古資料テンバコ六〇杯分、民俗資料五〇〇件（約四〇〇〇点の部品）という規模で、すべてが塩水に浸かって破損、あるいは破片にバラバラになった状態でした。保全作業は基本的に国立民族学博物館の日高真吾氏の指導のもとわたしが監督し、作業の現場監督としての役割を大学院生に任せ、多くの大学生が作業をするという体制を作りました。

わたしたちが最初におこなった作業は泥落としです。これを始めるにあたり、民具に付着した泥の成分分析、とくに人体に有害な重金属などが含まれていないかという懸念がありました。泥落としの作業で粉塵を吸い込み、健康被害をおこすことは絶対に避けなければなりませんでしたし、資料を水洗する場合に汚水をそのまま下水に流せるのかも確認する必要がありました。ちょうどその時、東北学院大学工学部の分析機器の稼働チェックが行われると聞き、そのサンプルとして民具に付着した泥と、被災地の収蔵庫周辺で採取した土の成分を検知してもらうことにしました。そして結果が単なる砂であると出ると、早速クリーニング作業に着手しました。

この作業にあたって本学が独自に作成したの

写真：大学キャンパス内での被災民具のクリーニング作業〈東北学院大学文化財レスキュー活動メディア班学生撮影〉

が、「文化財レスキュー・カルテ」というものです。実際の作業をおこなうのは、大学生で彼らはいわば文化財の素人です。しかも一度に三〇名以上が作業をするので、一人ひとりに手取り足取り指導することはできませんでした。そこでカルテを用いて指示内容の情報共有とチェックができるようにしたのです。また、カビが発生したり、殺カビ処理をしたのに翌週に復活していたり、乾燥で割れたり反ったり、クリーニング作業のなかで壊れたり、そうした内容もすべて記録するのがこのカルテです。これは実は、国立民族学博物館の標本資料の他館への貸し出しのときに使用する、資料の状態チェックカードを参考にしています。材料の種類と資料の状態を線で結ぶ記録方法で、作業の効率化をはかることができます。

　手順としては、まず被災文化財の状態の把握と必要な処置の内容を、学芸員であるわたしが判断します。「紙―破れ」、「鉄―サビ」、「漆―剥離」、「藁―カビ」といった具合に、資料の現状についての診断を下します。そして学生の作業内容を「水は使わず豚毛ブラシで泥だけ落とす」とか、「水洗して良く乾かし、サビ取り」、「エタノールで殺カビし、経過観察」などと指示します。例えば被災資料には、カマガミサマと呼ばれる家の守護神のような「作りもの」の資料があります。カマガミサマは台所の柱にまつるものですが、古いものは家を仕上げた左官が三和土《たたき》で作っており、比較的時代の新しいものは木製となり

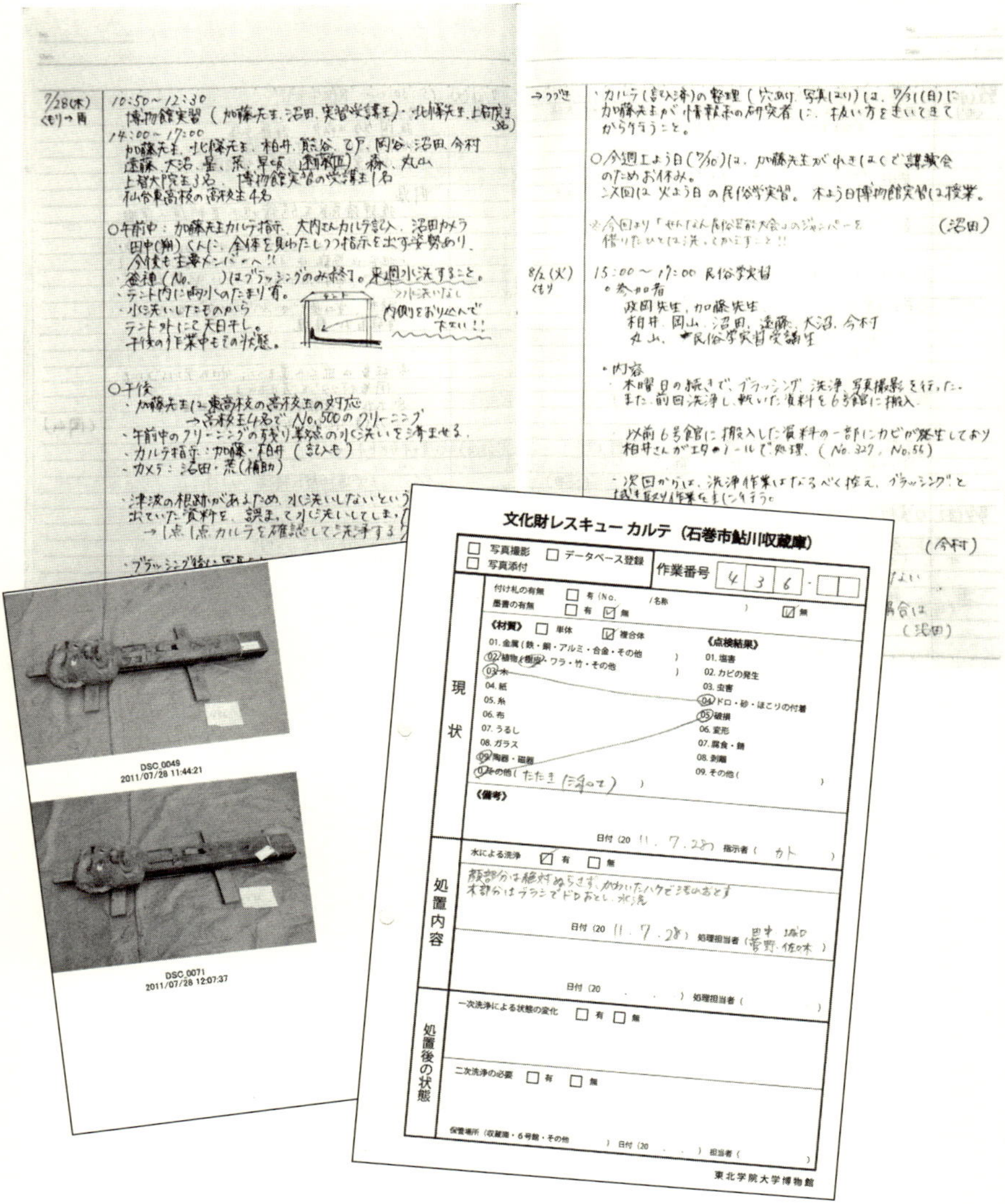

写真：上　作業日誌
　　　下　文化財レスキューカルテ　表裏両面

ます。この資料は、土部分は崩れてしまうので水で洗わないで、ブラシで木製の部分の泥を落として、運ぶ時に衝撃を与えないようにと指示を出しています。

この体制のなかで、わたしはいわば医者役です。こうした診察と処置の指示を「文化財レスキュー・カルテ」に記入して作業を大学生に指示するのが大学院生です。彼らはいわば看護師役です。そして作業の指示の記載をもとに、実際の資料をクリーニングするのは

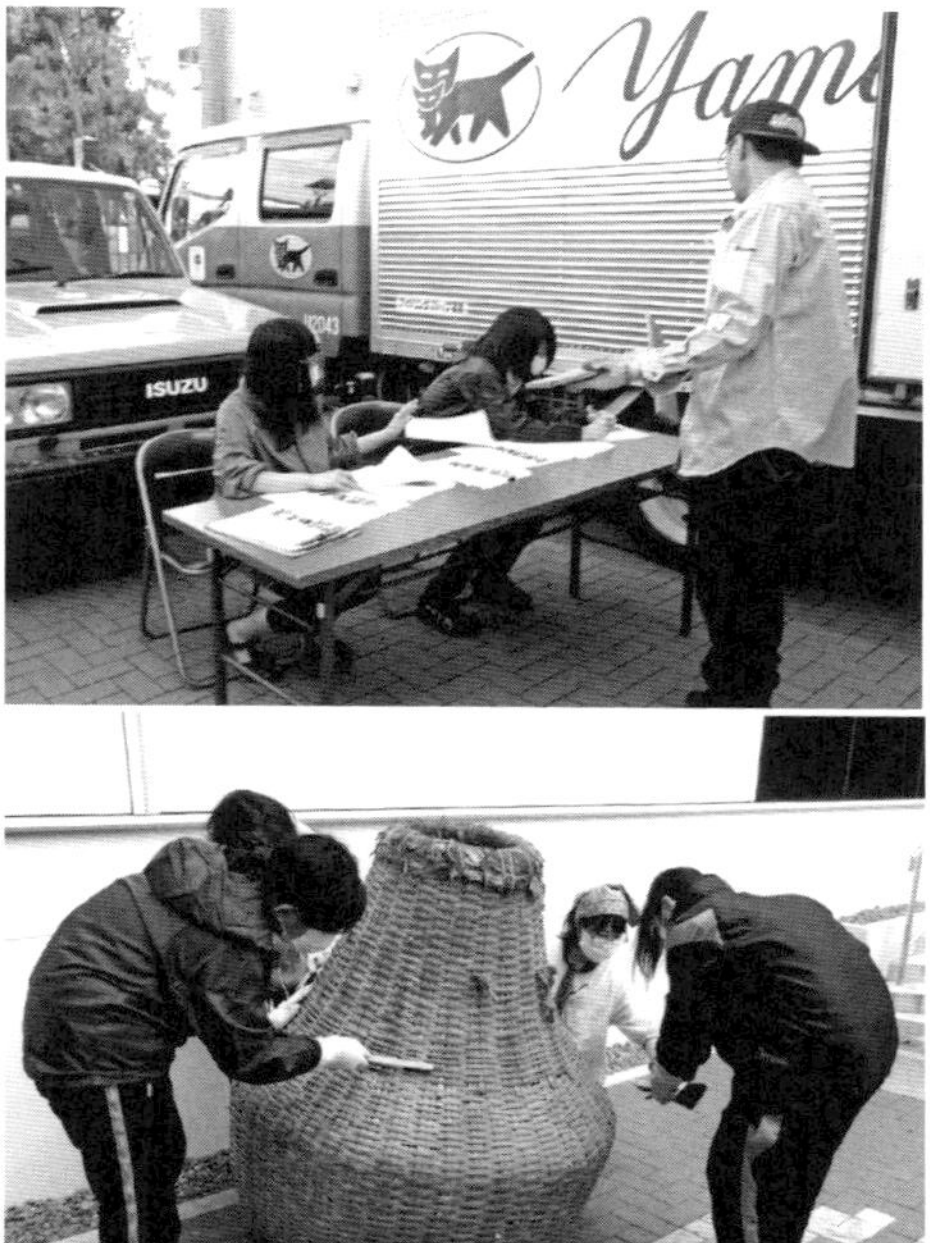

写真：大学キャンパス内での被災民具クリーニング作業〈東北学院大学文化財レスキュー活動メディア班学生撮影〉

大学生やボランティアです。大学生やボランティアが作業をした内容は、大学院生が確認して写真撮影をします。一言で人海戦術といっても、それを可能にする仕組みと道具が必要です。今回は「文化財レスキュー・カルテ」を用いて大学生たちが作業を行いながら、資料の状況を把握する体制を作ったのです。

これのアイデアは、震災直後に仙台市内のある災害拠点病院のロビーで目にしたトリアージ（治療・運搬等の決定に用いる識別救急）による救急医療から得たものです。震災当日、わたしは家族とともに病院のロビーで眠れぬ一夜をあかしました。そこに翌朝はやく、夜明けとともに始まった生存者捜索で救助された人々が一気に運ばれてきたのです。そこで医者は、体温が低いとか、骨折をしているとか、即座に患者の所見から診断を下し、それを横で看護師がカルテに記していきます。そして次の処置班のところにカルテとトリアージのタグと患者がセットで送られて、治療が行われて家に帰ってもらう人、病棟に運ばれていく人、他の病院をあたるように指示される人などに選別されていきます。それ以前に玄関のところで軽度の症状の人はそこで門前払いされていて、そんな現場を目の当たりにしました。文化財レスキューの現地で資料をみたときに、ふとそれを思い出しました。大学へ運んだら、まずトリアージのような〝関所〟を設けて、わたしが診断をして処置内容を決めなければ、収拾がつかなくなってしまいます。それでこの「文化財レスキュー・カ

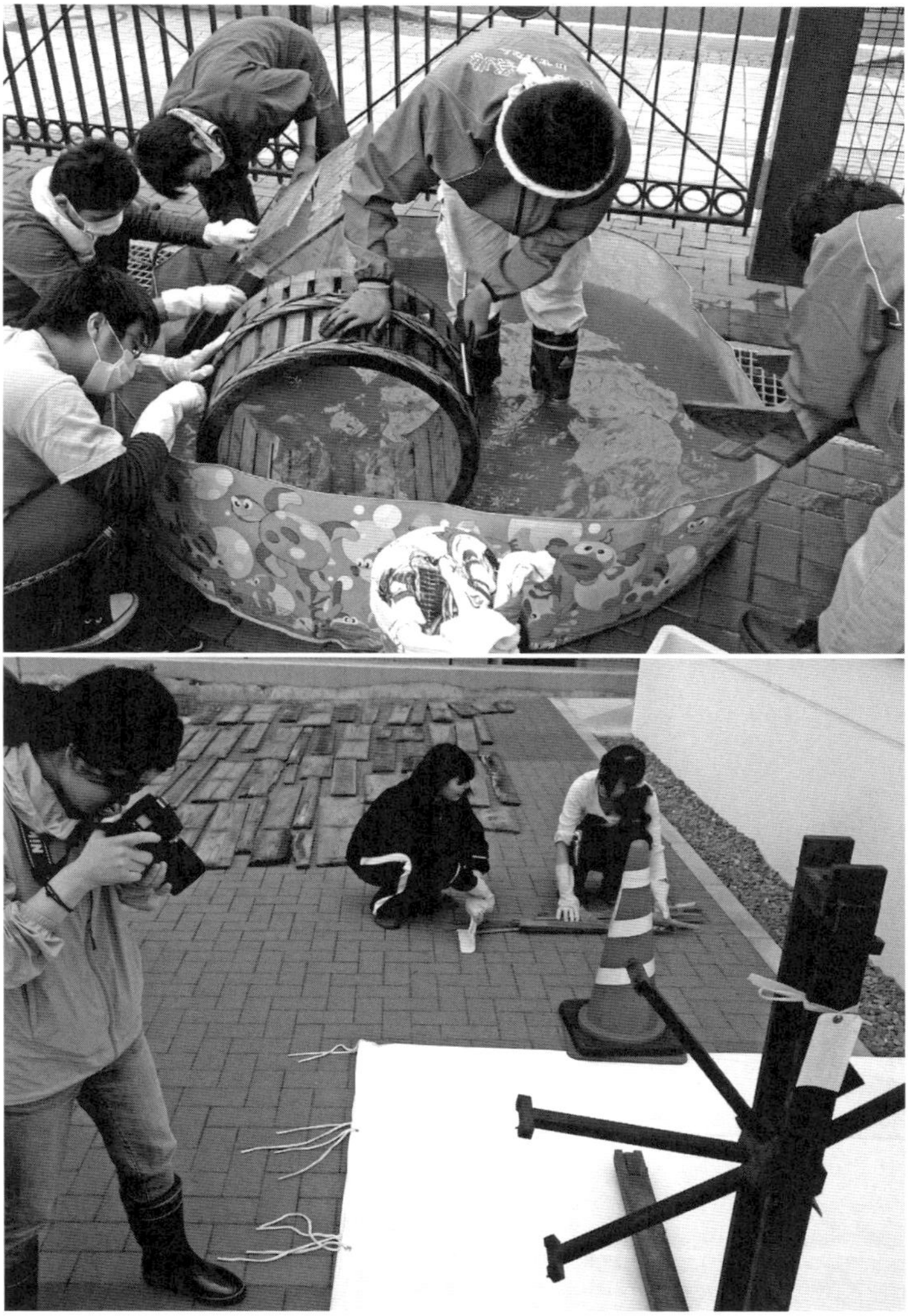

写真：大学キャンパス内での被災民具のクリーニング作業〈東北学院大学文化財レスキュー活動メディア班学生撮影〉

ルテ」を作りました。

　クリーニング作業では、大学生たちはつい目の前の資料を一生懸命にきれいにしようとしてしまいます。特にボランティアとして他大学から来てくれた大学生たちは、やはりひとつでも目に見えるかたちで何かをしたという実感が欲しいものです。そのため、ひとつのものにこだわって、最後までやりたいと訴えてくるケースがありました。しかし、それをあえて「だいたいのところまででいいから、次の資料をやってちょうだい」と言って回るのもわたしの仕事でした。一次洗浄では資料をピカピカにきれいにはしない、これ以上状態が悪くならないようにというところまでをやればよい、数をこなすことを最優先として全体として少しずつ状況改善をはかるというのが、わたしの方針だったからです。

　この頃、わたしは大学院生たちにこのひどい資料を扱えたら、どんな民俗資料でも扱えるからきちんと仕事をしようと、繰り返し声がけしていました。この現場から何人かの学芸員や文化財担当者が巣立っていき

写真：資料の状態を診断する筆者〈東北学院大学文化財レスキュー活動メディア班学生撮影〉

ました。こういう言い方がいいかどうかは分かりませんが、文化財レスキューの応急処置作業は、民俗資料を扱うまたとない訓練の場ともなりました。

石巻市鮎川収蔵庫の資料は、津波の直接の被害を受けたため、塩分の影響がとてもひどくあらわれました。とくに鉄製品は著しくサビが進行していきました。そのため民俗資料

写真：被災民具の脱塩・防錆作業〈東北学院大学文化財レスキュー活動メディア班学生撮影〉

の応急的な脱塩処理も大学生たちが作業を担うことになりました。民具の脱塩処理は、ふつうは大学生のような素人が行う作業ではありません。博物館の学芸員でも、水漬け後にどこまで塩を抜いて、どの段階で引き上げるかの見極めができないので、大抵は文化財修復の専門業者等に依頼します。

しかし、東北学院大学では、民具を水漬けした後、定期的に国立民族学博物館に脱塩水槽の水サンプルを郵送し、イオンクロマトグラフィで塩分濃度等を検知、水交換や経過観察、乾燥など、必要な作業の指示をEメールで受け取る体制をつくり、学生主体の脱塩作業をおこないました。二〇ＰＰＭを目安に水槽からの引き上げ指示がくると、資料を乾燥させてブラシでサビ取り、精製オリーブオイルを塗布して防錆処理をします。

被災資料は、二年目の梅雨から夏にかけて、多くの木製品から害虫が発生しました。初年度の泥落とし作業で潜伏していた虫の卵が孵化したのでしょうか、いずれにしても対策が必要となり、特殊な免許が不要な二酸化炭素殺虫処理をわたしと学生たちが習得して行うことになりました。これは専用の袋に被災資料をいれて封をし、炭酸ガスを充填して二週間以上殺虫処理をすると、中の害虫が枯死するという方法です。設備は被災ミュージアム再興事業の補助金で整備してキャンパス内の講義棟地下スペースに設置しました。学生たちは専門業者から三度、日高氏から二度の講習と実習を受け、わたしの監督のもと合計八回の処理を実施しました。

現地での文化財レスキュー時から、石巻市鮎川収蔵庫の課題は、破損状況がひどく修復がどれだけできるかということでした。技術的な難しさというよりは、修復しなければならない資料の多さであり、しかもすべての部材がバラバラになっている状況でした。そのため、クリーニングの段階では、ひとつずつの民具の部材を探す作業をあきらめ、部材をそれぞれ個別のものとして泥落とし、脱塩処理、殺虫殺カビ処理、防錆をすることにしました。それがすべて終

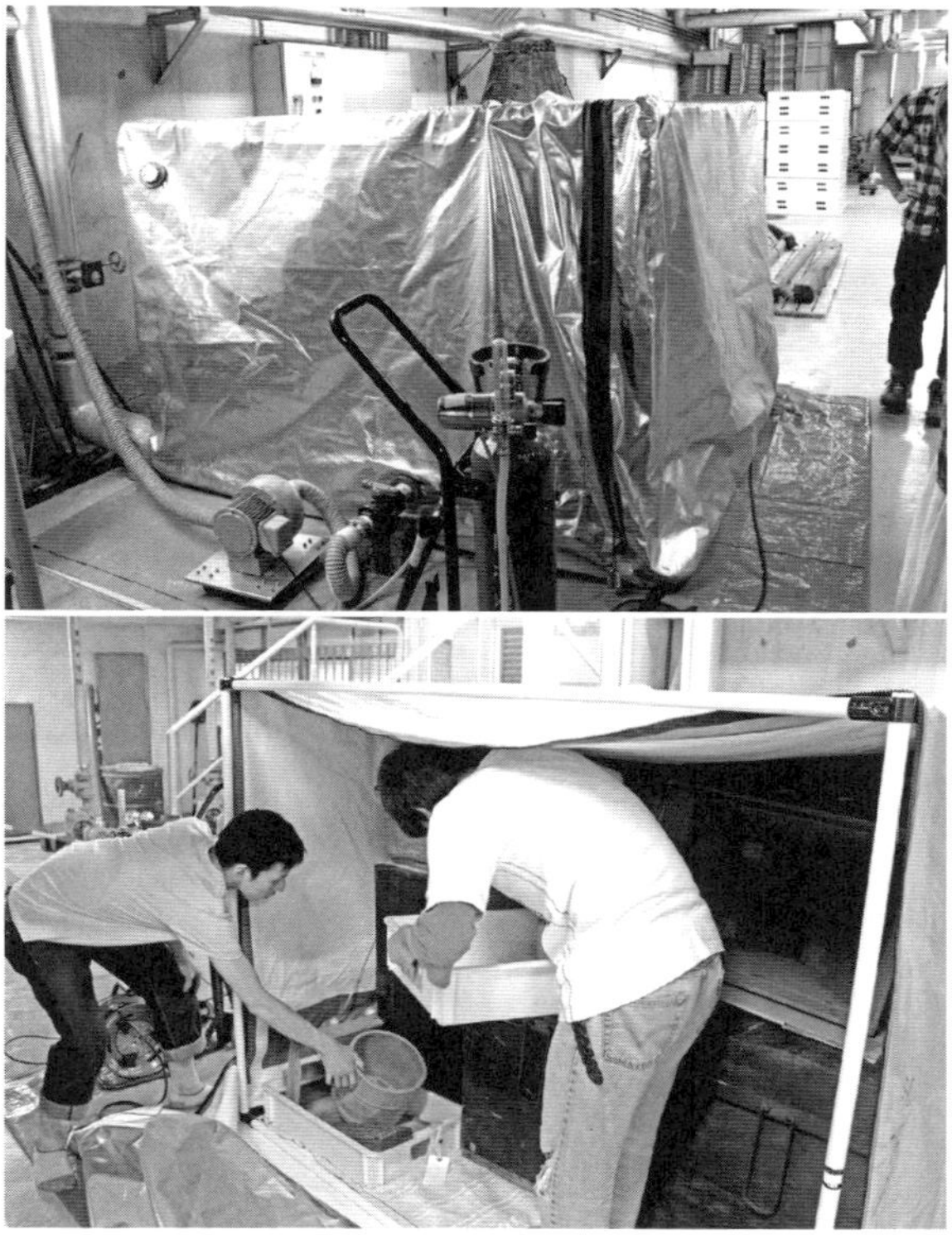

写真：被災民具の殺虫処理作業〈東北学院大学文化財レスキュー活動メディア班学生撮影〉

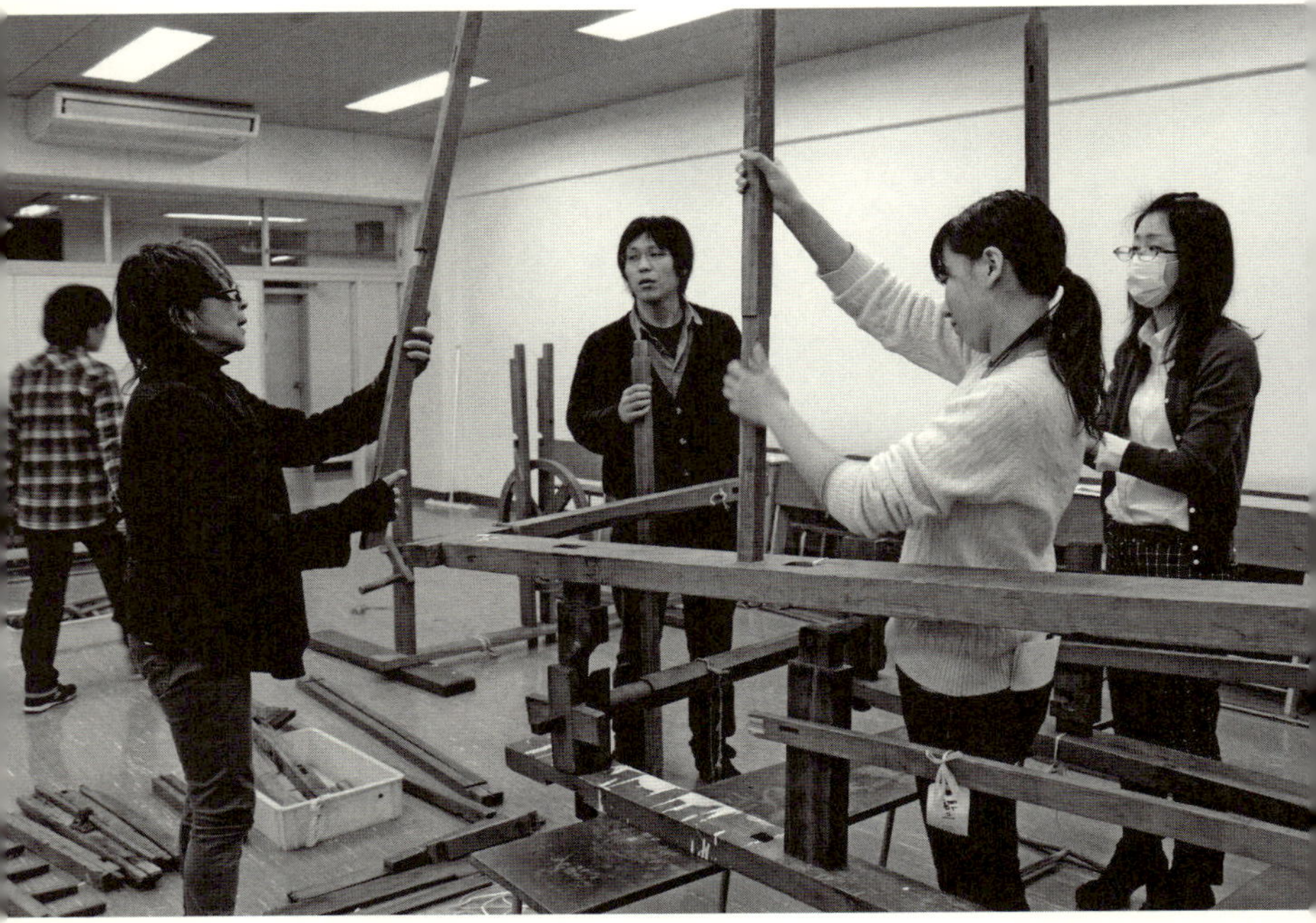

わって安定化がはかられたのち、はじめて部材を探して集め、できれば修復するという方針を立てたのです。
カビや虫害の再発が収束し、脱塩処理によって錆対策に一定の目途が立ってきた震災四年目、学生たちは自主的にこれとあれが同一の民具の部材ではないかとパズルをするようになっていました。とはいえ、全部似たようにみえるバラバラの木片から、元の民具の姿を想像するのは大学生にはできません。しかし、わたしを含め民具研究の心得のある学芸員は、ひとつの棒きれをみて何の民具の部材かをある程度推測することができます。そこで民具研究者の宮本八恵子氏と相談して企画し

写真：被災民具の復元作業〈東北学院大学文化財レスキュー活動メディア班学生撮影〉

たのが、「はたらく棒」プロジェクトです。「はたらく棒」という言葉は、今は被災して単なる棒きれにみえても、もともとは生活のなかで人間とともに〝働いていた〟棒だということから、宮本氏がつけたタイトルです。具体的には、破片を広い教室にならべ、そこに招いた何人かの民具研究の専門家の指示を受けながら、学生たちがパズルのように民具に組み上げていくというものです。この作業によって高機や糸繰り具、桶類をはじめとする数多くの民具が組み上がっていきました。また、個別の民具として管理していたものが、集めてみると船大工用具一式を形成していたこともわかりました。

石巻市鮎川収蔵庫の被災資料の保全作業も、二〇一四年下半期になってゴールがみえてきました。被災地の自治体に返却するにあたり、「文化財レスキュー・カルテ」から、ふつうの博物館で収蔵資料を管理するための目録・資料台帳を作成するという、最終段階にきたのです。新たに作成した民俗資料台帳には、管理番号と一般名称、地方名称、素材、法量（大きさ）、使用法を記します。もちろん「文化財レスキュー・カルテ」に遡ってその資料の保全作業の履歴も追跡することができるようにする必要もありました。こうして作成した台帳・目録に収録された資料は約七〇〇〇点となりました。つまり、もともと七〇〇〇点の資料が収蔵庫には収められていたところに津波が襲い、四〇〇〇〇点の破片となって散らばったものを文化財レスキューで回収し、保全・修復作業によって再び七〇〇〇点の民具

写真：被災民具の整理作業〈東北学院大学文化財レスキュー活動メディア班学生撮影〉

のコレクションに復旧したということになります。

東日本大震災で被災した民間所蔵の古文書や「思い出の品」としての写真のレスキュー活動においては、専門家の指導のもと多くの一般市民やボランティアが作業に参加して活躍しています。被災資料の保全作業では、復旧作業の全体計画の立案や、作業の指示、脱塩処理などの資料の状態の見極め、専門機器の講習、復元にあたっての資料の評価や解釈等においては、専門家の知識が不可欠でした。民俗資料の文化財レスキューにおいては、保全のためのルーティーン作業は少し訓練を積めば学生のような文化財の素人でも作業に携わることができ、かつ量が多い資料には、市民や学生が主体的に携わる余地があります。

石巻市鮎川収蔵庫の台帳整備作業によってみえてきたコレクションの姿は、食具や生活用具、農具、漁具に加え、紡織用具、捕鯨用具、大工道具等で構成されており、牡鹿半島のかつてのくらしを知るうえで価値あるコレクションであることがわかりました。二〇一五年二月上旬、わたしと学生たちは石巻市鮎川収蔵庫資料のすべての目録・台帳整備を終え、石巻市教育委員会の仮収蔵庫に返却しました。その後、さらに脱塩作業が必要な民具のみを再び東北学院大学に運び、学生たちによる脱塩作業ののち、二〇一六年三月までに返却、現在そのコレクションは再建される石巻文化センターで活用される日まで、経過観察が続けられています。

地域の博物館史のなかの文化財レスキュー

石巻市鮎川収蔵庫はもともと、石巻市に合併前の旧牡鹿町の文化財収蔵庫でした。このプレハブ工法の平屋建て収蔵庫は、収蔵展示の手法をとりながら小学校の学習等で資料をみるといった施設で、旧牡鹿町内の考古資料、民俗資料、化石、学校史関係の資料などが保管されていました。全国のどの自治体でも、こうした収蔵庫はあります。

一方、石巻から牡鹿半島、つまり旧牡鹿郡の博物館史について少し調べてみると、独自性も見出すことができます。この地域におけるミュージアム的なものの最古のものは、おそらく宮城縣立水産学校陳列室です。一九一六(大正六)年刊行の高橋鐵牛『牡鹿郡案内誌』には、縣立水産学校(明治三〇年創立、現県立水産高校)の備品に、地理標本一一、漁撈標本六六、養殖標本七、博物標本二九九、総点数三八三点とあり、「陳列室二十一坪」の記載もみえます。これは現在の宮城県立水産高校のことでり、半島部の人々は、子供が中学校を出ると一家で石巻市内に引っ越し、高校卒業と同時に半島部へ戻ったり、高校生の間だけ石巻市内で独り暮らしをさせるたりすることが現在でもよくあります。その水産学校の学校教材としての標本の陳列室は、この地域の大正期の人々が博物館と接する数少ない

場所でした。
　牡鹿半島にも大きな被害を出した昭和八（一九三三）年の昭和三陸津波では、災害復興の過程でいくつかの被災集落に震嘯災記念館と称する小規模なミュージアムが作られました。昭和三陸津波では、よく知られているものとして、朝日新聞社が呼びかけて集まった義捐金で各所に記念碑が建てられましたが、それらは震嘯災記念館とセットで設置されました。避難所と生活向上のための施設を兼ねるため高台移転場所に設置されたので、実際には集会所のようなものだったでしょう。当時、高台への集団移転がおこなわれた場所では、ほとんどつくられたようで、牡鹿半島の場合、大原浜、谷川浜、鮫裏、小渕に設置され、その後おそらく出所の違う資金を使って鮎川浜の震嘯災記念館も設置されました。
　興味深いのは、今回の東日本大震災では、公民館や

写真：鮎川集会所前の昭和８年大震災記念碑「地震があったら　津波の用心　それや来た逃げよう　此の場所へ」〈筆者撮影〉

博物館などの公共施設は、まず住民の高台移転先や復興公営住宅への入居が一定の目処が立つまでは建設を控えるような動きがあるのに対し、昭和八年の津波ではまずこうした施設をまるで号令をかけるかのように真っ先に設置して、そこに住民の転居を促していくような流れになっていることです。鮎川浜の震嘯災記念館は、のちに鯨館という名称の建物となり、入口には大型クジラの骨を用いた門が設置されていました。内容は、捕鯨に関連

写真：初期の鯨博物館と鯨の骨で作られた門の絵はがき（昭和中期）

して鯨の標本などの資料を展示したものだったようで、これが後の町立鯨資料館の前身となります。

昭和二九（一九五四）年、牡鹿半島では戦後の地域博物館のはしりとなる施設が作られました。牡鹿町立鯨資料館です。ここには鯨の部位標本や捕鯨用具が展示されていました。この牡鹿町立鯨博物館は、地域の人々に当時の様子をうかがうと、当時の館長の呼び掛けによって、捕鯨会社や地域の人々が、それぞれ資料を持ち寄って作り上げた、住民の手による手作りのミュージアムだったようです。例えば、鮎川浜で大工を営んでいた鹿井清介さんは、当時の館長から依頼されて、木製の一二種類のクジラの模型を作って展示したことを回顧しています。

当時はね、クジラをみることは珍しくなかったけどね、いつも捕鯨船に曳航されているか、水揚げされて解剖されているか、そんな姿しか知らないわけさ。でも模型は泳いでいるような姿でしか作らなくちゃならないんだけど、図鑑をみてもクジラは横からみた絵しかないわけ。それで捕鯨会社の人に上からみた姿や泳いでいるときの姿のことなんかをいろいろ教えてもらって、やっとこさ作ったもんだよ。

牡鹿町立鯨博物館は、おしかホエールランドへと平成二（一九九〇）年に発展的にリニュー

写真：牡鹿町立鯨博物館の絵はがき（昭和中期）

アルされ、大震災のその日まで鮎川浜の観光の目玉として人気を博していました。

戦後のこの地域の地域博物館的な活動は、公民館を中心に展開してきました。町史編さん事業や埋蔵文化財の資料も、公民館の所管に組み込まれていきました。行政発掘以前の地域の郷土研究部、鮎川中学校の郷土研究部などが獲得した表採資料なども蓄積され、行政発掘の成果とともに収蔵されていったのです。民具の収集については、町の職員や郷土史研究家らが主体的に出かけ、あるまとまった資料を収集し形成されたようです。

二〇一一年三月一一日、東北地方太平洋沖地震の発生により、震源地から近い牡鹿半島は、最も早く津波が到達した地域のひとつとなりました。この地域は近代に入って

写真：上　建築当初の牡鹿公民館〈提供　鮎川の風景を思う会〉
　　　下　被災後の牡鹿公民館〈筆者撮影〉

四回の津波被害を被ってきましたが、今回の地震による鮎川浜での津波の高さは八・六メートル、その勢いと地形的特徴から町の中心部は一気に壊滅状態となりました。高台に位置していて津波の被害を免れた石巻市役所牡鹿支所や石巻市牡鹿保健福祉センター清優館は避難所として開放されましたが、半島のそれぞれの浜では、流されずに残った学校や旅館、個人宅を自主的に避難所として設定し、人々は困難な共同生活を数ヶ月にわたって続けざるを得なかったのです。

牡鹿公民館と文化財収蔵庫としての石巻市鮎川収蔵庫は、公民館と体育館が隣接する一種の文化ゾーンのような場所に建っていました。鉄筋コンクリートの公民館は一

写真：石巻市鮎川収蔵庫での文化財レスキュー作業〈筆者撮影〉

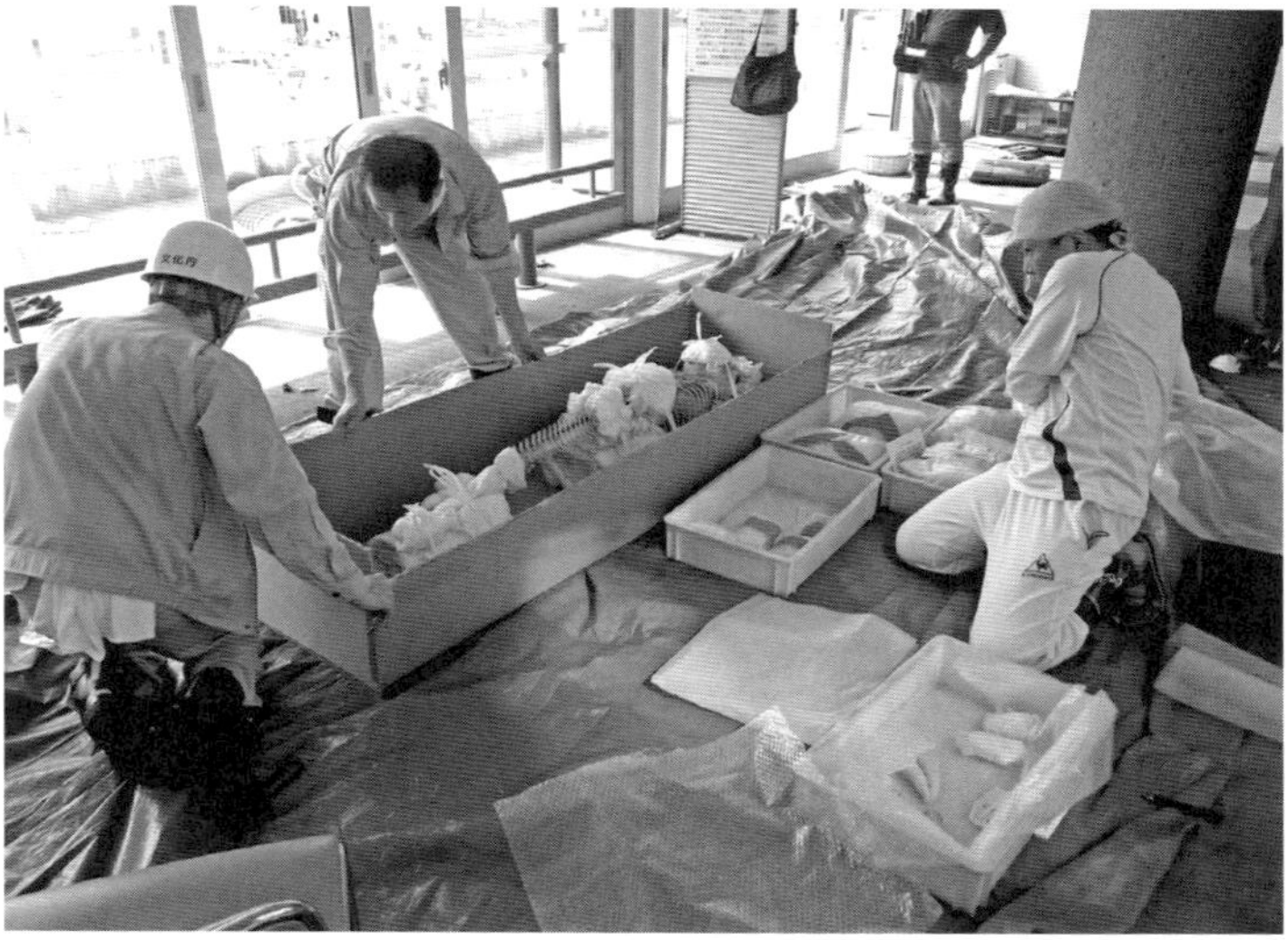

階部分が壊滅されましたが、二階の町史編纂資料は一部水損状態にとどまりました。プレハブ建ての文化財収蔵庫は堅牢な体育館の陰にあって、ちょうど瓦礫と潮が滞留するような位置にあったため、辛うじてそこに残っていました。

東北学院大学博物館が一時保管して応急処置作業にあたった被災文化財は、戦前からの地域の博物館史、民俗研究史の展開のなかで形成され、公民館活動と学校教育において活用され、町史編纂委員や郷土史家、公民館長などの一部の地域の知識人の信念によって廃棄されずに保管され、二〇一一年三月一一日に津波で破壊され、三ヶ月放置され、全国から集まった救援チームにレスキューされ、大学生がクリー

写真：おしかホエールランドでの文化財レスキュー作業〈筆者撮影〉

ニングをし、返却先の整備を待っている資料群です。こうした現状認識に立脚したうえで、わたしたちの文化財レスキューは、物質的な保全活動から、新たな意味の創出に向けた博物館活動へとシフトしていったのです。

文化財レスキューにまつわる議論は、概して被災した文化財を救援し保全することに終始しています。被災した資料が地域の博物館史や生涯学習活動の歴史のなかにどう位置付けられるのかを踏まえて救援作業・保全作業を行うことは、それをこれからどのように活用していくかという視点を生み出すはずです。文化財は、被災して救援され、地域に戻っていく過程で、それ自身の意味を変化させつつ、地域住民にとっての文化の意味を新たに創造していく役割を担っていきます。被災文化財を、まもり、つたえる。これを達成するためには、被災資料を単に修復して戻せば済むというものではありません。次章では、まもり、つたえる主体としての地域社会に、文化財をもう一度戻し、新たな価値を掘り起こしていくような博物館活動の実践について紹介しながら、文化財レスキュー後に求められるものについて考えていきたいと思います。

2

ほりおこし、わかちあう

●被災地の復興と文化創造活動●

復興キュレーション

―復興期に展開する文化創造活動―

東北学院大学では、東日本大震災の文化財レスキュー活動において、牡鹿半島の考古・民俗資料を受け入れました。大学に運び込まれた、瓦礫と見紛うばかりの四トン車八台分におよぶ被災資料は、大学生によってクリーニング作業や脱塩作業、整理作業が進められてきました。

こうした応急処置と並行して、わたしたちが取り組んできたのは、「牡鹿半島・思い出広場」というプロジェクトです。これはレスキューされた被災資料を、被災地の人々にみていただく展覧会の形式をとっています。しかし本当の目的は、民具の製作方法や使用についてのバックデータ（過去に形成されたデータ）を集めることにありました。それを通じて、地域の人々の過去の生活の営みと被災後の地域の復興をつないでいく、「ひとり一人のくらしの風景」を聞書きによって調査し、集積したいと考えました。レスキューされたひと昔まえの民具と、震災後の今を生きる地域の人々とが、個々のエピソードを介して一本の糸でつながり、そのつながりの糸を何百本にも増やして束にしたとき、「ひとり一人のくらしの風景」がみえてくる、これがこのプロジェクトのコンセプトです。

被災地では、多くの町や集落が津波で壊滅し、復興にあたっては住宅の再建が制限されている地域が多く、そうした地域では人々は高台に集団移転して地域の再生を目指します。また継続的に居住できる地域においても、嵩上げ工事を経て地域の景観は大震災の前とは異質なものとなっていきます。民具や古写真といった民俗資料は、「被災地でこれからも生きていくこと」において新たな意味を担っており、ポスト文化財レスキュー期の移動博物館は、その意味創出の場となります。このプロジェクトは、被災地の人々と研究者、そして大学生たちが、被災資料の文化資源化のプロセスを共有する試みでもあります。

この活動の目標は、被災した文化財を人々の思い出や経験と結びつけ、その集積を地域の文化創造の材料として活用可能なものとすることです。復興事業によって次々と建築されていくミュージアムを、単なる災害の表象の場としないためには、復旧期の様々な博物館活動の実践をふまえた内容を作っていくことが重要です。そのためには、変化する状況のなかで展開する実践型の博物館活動によって、コレクションの新たな価値を生み出す活動、すなわち「復興キュレーション」が不可欠なのです。

写真：更地と化した町の跡と嵩上げ工事〈筆者撮影〉

感情のドキュメンテーション

―大震災から二年目の被災文化財の展示活動―

東日本大震災から一年間は、被災資料のクリーニング、泥落とし作業だけで精一杯でした。応急処置作業の内容は二年目もかかわらず継続しており、大学生たちも根気強く作業を続けていました。そうしたなかで、毎週多くの時間を割いて作業にあたっていることを、地元の方々に知ってもらえているのだろうかという疑問が、大学生たちのなかから上がるようになりました。

また、資料保全作業のなかで、地域独特な民具や捕鯨の特殊な道具があり、素性がよくわからない資料が数多く出てきました。塩分の影響が、海で使う民具のようなもともと資料が持っている特質からくるものか、津波による海水の影響なのか、判断がつかないものもありました。地域の漁師さんにお見せして、「これ何に使うの?」と聞きたい。そんなことが頻繁にありました。

そこで、わたしは石巻市牡鹿支所に出向き、公民館の担当職員に相談をもちかけ、保全作業中の資料を陳列して、地域のみなさんにみていただきたいと申し入れました。そして、文化財レスキュー活動について知ってもらうだけでなく、展示会場で民具の使用法等につ

いて聞書きを行いたいと意向を伝えると、被災した公民館の使用を許可していただき、行政配布物の回覧板を使って来場を呼びかけるチラシを配布してくれることになりました。

　被災した牡鹿公民館は、一階部分は津波でたいへん傷んでいましたが、躯体は丈夫でしたので、コンパネ材で作った扉を設置して使用されていました。震災から数ヶ月は、避難所および遺体安置所として、その後はボランティアの活動拠点となっていました。わたしたちは、当時この場所でボランティアのコーディネートを行っていたPikari支援プロジェクト代表の遠藤太一氏の協力のもと、この場所にあった卓球台や箱など、展示台になりそうなものを使って展示を組み立てていきました。こうした台に梱包用のクッション・シートを敷いて資料を陳列するという、ふつうは考えられないような〝粗末な〟展示です。大学生たちは、この展示を日常の保全作業と同時並行で、この展示の実現のために辛抱強く仕事をしました。

　こうして実現した「文化財レスキュー展in鮎川」は、二〇一二年八月一二日から三日間、被災した石巻市牡鹿公民館を会場に開催しました。多くの人々が地域から離れて、石巻市

次頁写真：被災した牡鹿公民館で開催した展示〈東北学院大学文化財レスキュー活動メディア班学生撮影〉

や仙台市の仮設住宅や、行政が賃貸物件を借り上げる、いわゆるみなし仮設に入居していました。しかし、寺や墓地が被災地にあるため、開催したお盆の時期には多くの地域の方が避難先から戻っており、三日間の来場者は一五〇名でした。

被災地の人々は、「文化財レスキュー展in鮎川」を、ボランティアや自衛隊による〝思い出の品〟の収集と似た活動ととらえていました。牡鹿公民館には、津波による瓦礫や浜辺に流れ着いたもののなかから、写真や位牌、卒業証書、制服、ランドセルなどの遺留品が回収され、浜ごとに陳列されていました。しかし、実際には所有者への返還は思うように進まず、わたしたちが展示をした二〇一二年の夏には、そろそろ

写真　上：牡鹿公民館に集められた“思い出の品”〈筆者撮影〉
次頁写真：神社境内に集められた屋敷神の祠〈筆者撮影〉

その処理に困りはじめていました。わたしたちが展示した被災した民具は、視覚的にはこうした遺留品とよく似ていました。逆に、〝思い出の品〟のなかにも三陸一円で盛んな春祈祷という年中行事で使われる獅子頭もありました。また、被災地での各戸の片づけのなかで、神棚や屋敷神、オミョウジンサマ（稲荷などを祀った屋敷神）の小祠、七福神などの神像などは捨てるに忍びないが置いておけないと処分に困り、瓦礫撤去の対象としない処分の方法として、住民の多くは神社の境内に「納める」という対応をしました。

来場者のなかには、こうしたものを持ってきて引き取って欲しいと申し出る人もいました。生活の基盤を物質的に失うという経験は、残すべきものとそうでないものを選別する作業をともないます。来場者の被災資料へのまなざしは、残すものをめぐって価値が揺れ動いている状況そのものを反映しているように、わたしは感じました。

また、被災地では震災以来、各種団体によって災害時の対応についての聞き取り調査や、震災前の町並みを復元するような活動も行われてきました。わたしたちの展示も、こうしたものと同様のものとイメージされたようで、語り慣れた口調でつらい被災経験について話す人も少なからずありました。そうした話は、自分史のような独白の形式をとりながらも共通したパターンを持っており、どこかで聞いた話をしゃべっているようだと、わたしたちは感じていました。あの日とその後の〝私〟を主人公とした困難と克服の物語は、震災の「記憶」の継承や「教訓」へと帰結していきます。当時わたしは、誰もが「語り部」化していくような強い違和感を抱いていました。

一方、多くの方々、とくに年配の方々は、熱心に民具の使い方やくらしの移り変わりなどについて、楽しみながらおしゃべりをしてくれました。大学生たちは会場にはサロン的にワイワイと盛り上がれる雰囲気を作ろうと、展示空間を再編成するなど工夫しました。

三日間の展示を終えた後、学生たちとミーティングを行った際には、単なる民具の使用法や地域での特徴など、モノを観察するだけではわからないデータの獲得という当初の目的だけでなく、民具から思い出されるふつうのくらしを意識的に集めていくのが意義深いという意見で盛り上がりました。被災資料は、人々の思い出を喚起し、それが大震災のあと忘れていたふつうのくらしのイメージと結びついていきます。人々は大学生や居合わせた人とともに楽しく語っていながらも、どこか自分語りのようなかたちで、いろいろな語りを吐露します。わたしたちのプロジェクトは、民具の解説集めからくらしのエピソードの収集に重心を移していくことになり、単なる復旧作業から一歩先へ足を踏み出したのです。

二〇一二年には、都市部でも被災資料の展示と聞書きをおこないました。大震災後、牡鹿半島を離れた多くの人々は、知人や親戚を頼るなどして仙台市やその周辺に移って生活をしていました。そうした方々を念頭に企画したのが「文化財レスキュー展in仙台」で、せんだいメディアテーク（仙台市青葉区）を会場に、二〇一二年一一月六日から八日の三日間にわたって実施しました。来場者は、のべ二二〇〇名あまりを動員しました。

震災から一年八ヶ月後に開催されたこの展示には、初日に複数の民放テレビ局のニュースで取り上げられたことから、初日から多くの人々が訪れました。とくに牡鹿半島から避難していた人々は、同じ浜の家族と連れ立って来場する方々、会場ではじめて再会して抱き合う方々など、独特な雰囲気がありました。そこに学生が割り込んでいって、おしゃべりをしながら展示に誘導し、聞書きを進めました。二〇一二年の活動でわたしが興味深く感じていたことは、人々が被災資料に対して何を語るのかということでした。わたしはふつうの民俗調査が持っている、地域の生活者のみが、その資料に意味を付けられるという前提を逸脱し、専門家による解説も、地域住民の直接的な経験談も、地域の有力者の意図を含んだ戦略的な語りも、マスメディアによるステレオタイプな表現も、すべてコレクションの今に付随するデータとして扱っていました。そのため、わたしはすべての来場者に聞

次頁写真：仙台市内の文化施設で開催した展示〈東北学院大学文化財レスキュー活動メディア班学生撮影〉

東北学院大学文化財レスキュー展in仙台
11/6 7 8
来場者数
1800人突破
本日最終日
入場無料

書きをするよう、大学生たちに指示していました。

こうした調査を進めるなかで、わたしたちのなかで問題となっていたのは、トラウマとの付き合い方です。東日本大震災以後、被災地では研究のためのさまざまなインタビューが行われてきました。多くの研究者が、地域社会の災害後の対応や、生活再建における地域住民の価値観、芸能の復興や復興市などの新たな実践を取材し、記録にとりくんでいました。一方、東日本大震災では、ジャーナリストが悲惨な現場で一次的に受ける「惨事ストレス」と、インタビューなど取材活動を通じて受ける「二次的トラウマ」が大きな問題となっていました。

わたしたちの活動においても、文化財レスキューの被災地での直接的な作業は「惨事ストレス」と隣り合わせで、地域の人々へのインタビューは、話者のストレスと調査者のストレスの両方を含む「二次的トラウマ」の問題をはらんでいます。聞書きでは、調査者は人々の生活の理解のためにいったんその話に没入する必要があるので、トラウマを避けつつ、一定の感情移入や追体験が不可欠となります。そこから新たなものの見方を獲得したり、問題の発見や解決につなげたりするためには、そこにあるストレスをバネにかえていくことが必要だとわたしは考えます。こうした問題は、被災地での研究に限らず、どのようなテーマのなかにも内在しているはずですが、こと被災地での実践においては、ストレスに対する耐性が、民俗学者としての資質であるかのごとく語られる場合も少なくありませんでした。

フィールドワークで、わたしが最も大切にしたいことは感受性です。相手の人生やくらしの営み、なりわいへの誇りなどの語りのうちにひそむ、人々が大切にしたいものへ深い共感を抱くこと、そしてそれをおもんばかることで見出す問いこそが、「復興キュレーション」の軸をなすものです。それには取材活動を通じて受ける「二次的トラウマ」と正面に向き合う必要があり、わたしはこうした問題の専門家である横浜国立大学の井上果子教授に相談し、次のような聞書きデータの記述法を採ることにしました。

ふつう聞書きデータは、相手が語ったことのみをまとめていきます。しかし、それではその語りを受容したわたしたちの感情のはけ口をみずから閉じてしまいます。記者が取材を通じて浴びたストレスを「二次的トラウマ」としてしまう原因がここにあります。そこで井上氏は、大学生たちに対し、語った人がどの民具を見て何の話題を語ったかだけでなく、それを受けて聞き手側が何を感じたかを意識的に記録するように求めました。その一次的な記述のあとで、くらしのエピソードを抽出するように求めたのです。次に井上氏は、そうして記述したものを、茶話会の形式で楽しみながら共有する場を作ることの重要性を説きました。学生たちは、取材当日には聞書きの一部始終を自分自身を含めて記述す

る聞書きシートを作成し、展示終了後に仙台近郊の温泉地で合宿しながら共有のためのワークショップを行うことを企画し、丹念に実行していきました。どんなフィールドワークでも、体験を「体験」にすることがもっとも重要です。そして、取材を通してあびた相手の感情を、問いを発見するための「道具」にすることこそがフィールドワークにおける取材力の本質です。聞書きでの話者の言葉のインパクトを、聞き手自身が相対化できるように文字化していくこの記述法を、わたしは「感情のドキュメンテーション（文書化・記録化）」と呼んでいます。

写真：展示期間中は毎日その日の聞書きについて民宿で共有する〈東北学院大学文化財レスキュー活動メディア班学生撮影〉

オンゴーイングなアプローチ

――大震災から三年目の被災文化財の展示活動――

二〇一三年度に昨年度と同様の展示を被災地で企画し始めたころ、前年の展示会場であった石巻市牡鹿公民館はすでに取り壊されて更地になっていました。しかし牡鹿公民館跡地は、仮設商店街の〝おしかのれん街〟の向かいにあり、更地になっても被災地の人々が集まりやすい場所には変わりないので、この場所での開催にこだわりました。そして、展示業者に依頼して製作した移動博物館用の展示台を持ち込み、被災資料の泥落とし作業に用いたテントを建てて屋外で展示するという方法で実施することになりました。展示は、二〇一三年八月一三日から一五日のお盆の時期に開催し、この年は三日間で三〇〇名の来場がありました。

前年の展示では地元の方々の反応は冷ややかなもので、まあそういう活動もあるんだねというくらいの反応でした。しかし、二回目は打って変わり、わざわざ準備して話のネタを準備して来場するような方や、隣近所の人と連れだって展示を見にきてくれる方、去年も来たよといって、学生たちにホヤやスイカや鯨肉などの差し入れを持ってきてくれる方々もありました。大震災三年目の聞書きでは、東日本大震災そのものについての話題は

ほとんどありませんでした。前年度の感触から、この年からは民具を通じて思い出す経験を話す、あるいは自分の人生を話すといった、エピソードを意識的に集めるようにしていきました。大学生たちも、個々の思い出に感情移入しながら行う聞書きにとても慣れてきていました。一方、来場した多くの方々が震災前のくらしについてかなり客観的に説明するようになっていましたことに、わたしは少なからず驚きました。

こうした変化の背景として、大震災から三年目のこの年の被災地では、復旧作業のための土木工事が本格化するとともに、さまざまな場所で災害の記憶を継承するための震災遺構をめぐる賛否両論が紛糾していたことが少なからず影響していました。モニュメント化する瓦礫の多くは、撤去困難で人目に多く晒されることで次第にシンボリックな意味を付与されていくもののようで、例えば、大和煮の缶を模した巨大なタンクには、「We are all one」とビンが浮いているイラストがスプレーで描かれ、外部から来たボランティアがここで写真を撮って帰るといった「名所」になっていきました。現在はすでに撤去され、嵩上げ工事が始まっていますが、当時はタンクの撤去を惜しむ声もあったと聞いてい

次頁写真：牡鹿公民館解体後の更地で開催した展示〈東北学院大学文化財レスキュー活動メディア班学生撮影〉

ます。また、シンボリックな建造物、ビルの上に乗った船やバス、横転したビル、うずたかく積まれた自動車、一本だけ残った松林の松、廃墟と化した学校など、被災地の風景の写真が災害の表象として繰り返し用いられていました。そして、「癒し」、「記憶」、「鎮魂」、「連帯」、「不屈」、「生命」などが、そうしたモノや風景によって表わされていきます。現代に生きる我々は、特定のモノや風景に、大災害の多様な側面を一面的に象徴化させてしまうようです。

　一方、文化財というものも、ある種の表象行為を前提としています。博物館資料というものは、ある歴史的な動向やある変化の過程を示すものの代表として、消費され廃棄されるはずのものが、保存されるもので、それ自体がレスキュー的な活動と言えます。社会の変化にともなうレスキュー

写真：モニュメント化した瓦礫（石巻市）〈筆者撮影〉

であれ、災害でのレスキューであれ、博物館資料はモニュメント化することでその価値を持つものです。

わたしたちが展示する被災資料は、被災状況を伝える物的証拠としてモニュメント化しつつありました。それを「復興キュレーション」によって、地域において新たな意味を生み出す媒介物に転換するためには、単に被災資料を羅列するのでなく、よりテーマ性を持ったコンテクスト（文脈）のなかで資料を陳列していく必要性を感じていました。

この二〇一三年は、牡鹿半島では地域の復興イベントや伝統行事の復活が盛んになっていました。鮎川浜では、町の一番大きなイベントとして鯨まつりがありました。昭和二〇年代から行われてきた祭りで、震災前は捕鯨法の実砲や、パレード、花火大会などで多くの観光客を集めてきましたが、東日本大震災によって中断していました。二〇一三年度はこれを復活させるにあたり、大学生に会場での聞書きの機会をいただけることになりました。二〇一三年一〇月一三日、「牡鹿・鯨まつり復活祭」が行われました。当日の朝は震災後はじめて観音寺で鯨供養祭が行われ、同時に震災犠牲者の供養も行われました。会場では小中学校や地域の様々な団体による芸能や舞踊、タレントのショーなど盛りだくさんでした。なかでも捕鯨会社が提供したクジラ炭火焼はたいへん喜ばれ、クジラが身近な鮎川浜のくらしを再認識する一日でした。会場では被災文化財の捕鯨用具を展示し、ツチク

ジラの試食一〇〇〇〇人分の無料配布をお手伝いしながら、昔の鯨まつりの話題を中心にいろいろなエピソードを収集することができました。

二〇一三年はミュージアムの再開館、リニューアルオープンも相次ぎました。そのひとつが、宮城県慶長使節船ミュージアム（サンファン館）です。ちょうど伊達政宗がヨーロッパに使節を送っ

写真：牡鹿・鯨まつり復活祭の様子〈東北学院大学文化財レスキュー活動メディア班学生撮影〉

てから四〇〇周年の記念の年でもあったことから、大きな再開館イベントが開催されることになりました。一一月三〜四日、わたしたちはサン・ファン・バウティスタ号の復元船の脇に被災民具を展示して聞書きをしました。実はサンファン館には、東北学院大学での被災資料の保全作業の最年の作業に関わっていた卒業生が学芸員として勤務していました。彼女が私たちの活動の受け入れに奔走してくれたおかげで、三〇〇人ほどの方にお話を聞くことができました。ここでの活動から、牡鹿半島から石巻市の仮設住宅に住んでいる人は非常に多く、牡鹿半島の話はむしろ石巻で聞けるということがわかりました。また、必ずしも牡鹿半島に住んでいる方でなくても、例えば、仲買の仕事で半島部に関わっていたとか、かつて遠洋漁業船や捕鯨船に乗っていたとか、父親が唐箕

写真：サンファン館で開催した展示〈東北学院大学文化財レスキュー活動メディア班学生撮影〉

東北学院大学
牡鹿半島のくらし展
一人ひとりのくらしの風景がみえてくる
1.10fri.
-13mon.
入場無料
入場無料
牡鹿半

写真：せんだいメディアテークで開催した展示〈東北学院大学文化財レスキュー活動メディア班学生撮影〉

を作る職人で、自転車で唐箕を売りに行ったとか、さまざまなかたちで石巻から牡鹿半島への関わりについての話題など、さまざまなエピソードを集めることができました。サンファン館での活動は、翌年の石巻市内の商業施設内での展示を企画する大きなきっかけとなりました。

二〇一四年一月一〇日～一三日、わたしたちは再びせんだいメディアテークを会場に「牡鹿半島のくらし展in仙台―再生・被災文化財―」と題して展示を行い、期間中の来場者はのべ一五〇〇名を数えました。大学生たちは、この展示を「すくう」、「のこす」、「つなげる」、「かたりあう」という四つのコーナーで構成しました。「すくう」は、震災当初の文化財レスキューの現場での活動紹介です。次の「のこす」は保全作業、応急処置についての展示で、クリーニング作業と二酸化炭素殺虫処理の紹介コーナーです。三つ目の「つなげる」は、いままでうかがったさまざまなエピソードをまとめたものを、被災資料の展示の横に置いて、それらのエピソードを読んでいただくっていうかたちをとりました。最後の「かたりあう」は、民具をストーリーもなく並べて、展

次頁写真：せんだいメディアテークで開催した展示〈東北学院大学文化財レスキュー活動メディア班学生撮影〉

示キャプションだけ付けたコーナーです。「これは何ですか」と問われたら、逆に「こうしたものを何に使いましたか」と聞き返して聞書きに入るといったおしゃべりの場です。

この年の活動で、わたしは何人もの研究者からこの活動の落としどころや、どういう成果にまとめるのかを問われました。しかし、わたしは「率直にまだわからない。やりながら考えているんです。」と応え、見通しが甘いとか計画性に乏しいなどと言われることもありました。しかし、この頃わたしがとても興味深いと思っていたことは、人々の地域への思いが揺れ動いていくという、その過程そのものに付き合っていきたいということでした。課題解決的なフィールドワークではなく、問題発見とアクションが重要と考えて行動するアプローチは、コーチングや教授法においてオンゴーイング（行動しながら考える）なアプローチと呼ばれることがあります。最初にアクションありきで行動しながら、状況に応じて新たな問題設定やアプローチの変化をしながら、次のアクションを起こしていくというアプローチです。せんだいメディアテークでの展示を終え、わたしは状況に依存しながら、さまざまな主体とのコラボレーションをさらに広げ、オンゴーイングに考えていくことの意義を、手ごたえとして感じ始めていました。

脱・文化財レスキュー

―大震災から四年目の被災文化財の展示活動―

二〇一四年八月一七～二〇日、わたしたちはふたたび旧牡鹿公民館跡地の更地にテントを立てて、「牡鹿半島・海のくらしの風景展in鮎川浜」と題する移動博物館を実施し、四〇〇名弱の来場者がありました。この年の鮎川浜での展示で、被災民具を展示してエピソードを集める移動博物館は非常に軌道に乗ってきました。この年の活動は、政府広報のウェブサイト掲載の被災地での市民活動紹介番組「希望のしるし」（宮城テレビ放送が制作放映、二〇一四年九月七日）で取り上げられました。また、産経新聞の特集「被災地を歩く」（二〇一四年九月八日掲載）、読売新聞の大学生の社会活動の特集「キャンパス発」（二〇一四年九月一二日）、朝日新聞社の社説（二〇一五年三月一五日掲載）をはじめ、全国全国紙（誌）に取り上げられるようになっていました。なかでも、朝日新聞社の社説は文化財レスキューによる資料のレスキュー体制に加え、わたしたちの活動や福島県の富岡町で行われている手紙や日記、写真などの保存活動などを例に挙げながら、「被災地に必要なのは土木工事や産業振興だけではない。傷ついた心のよりどころとなる文化財や歴史を大切にすることも復興に不可欠な要素なのだ」として、記憶と伝承への国による支援の必要性を説く内容

「希望のしるし」の番組「学生たちの文化財レスキュー」は次のURLで閲覧できます。　http://nettv.gov-online.go.jp/prg/prg10494.html

でした。わたしたちの活動はもちろん被災地での活動なので、復興にいかに役立つかを問われます。しかし、むしろ「ひとり一人のくらしの風景」をこれからの地域を考えていく材料としていくために、地道な文化創造活動を大切にしていくことは、現代の日本においてあらゆる地域で求められることなのではないかと考えています。

また、鮎川浜の高台に位置する特別養護老人ホームおしか清心苑とデイサービスに、民具をもちこんで聞書きを本格的に始めたのもこの年からでした。民具を使って聞書きをするという活動は、従来から介護における「回想法」として知られてきました。昔のことを思い出すことが〝頭の体操〟になり、日常の行動や思考に好影響をもたらすと期待して行う活動です。しかし、わたしはこうした臨床における効果についてはよくわからないので、「回想法」にはもともと懐疑的でした。九〇歳を超える高齢者には仮設住宅での生活は厳しいものであるため、多くの方々が特別養護老人ホームおしか清心苑に入っていると聞き、ここで民具にまつわるお話をうかがいたかっただけでした。この年から毎年のように老人ホームにおじゃまして聞書きをするなかで、あるときわたしは同所の鈴木静江施設長

海のくらし
牡鹿半島
の風景展in鮎

老人ホームでの聞書き〈学校法人東北学院広報部広報課撮影〉

にそのことを話しました。すると、彼女は次のように諭してくれました。

こういう施設ではね、いくら工夫しても単調な生活になってしまうし、自分自身でできることは日々減っていくのね。でもあの民具を見て学生さんたちに語っている顔は、ほんとうに生き生きしてるでしょ。自分の人生に関心を持ってもらうってことはね加藤さん、誇りを取り戻すってことなのよ。当時の暮らしが忙しくても貧しくても、自分が一番輝いていた頃に戻れるわけ。五つ玉の算盤を手に取るとね、自然とパチパチと手が動いてるでしょう？　その手が〝ある時代を生きた自分の証〟だって気付くのね。

（筆者の二〇一四年八月フィールドノートよ

り）

鈴木施設長の指摘は、回想法の臨床においてもライフレビューという言葉で議論されているもので、良い聞き手に出会うことでみずからの人生を〝紡ぎ直す〟過程の経験となり、聞き手も参加する創造的な営みに高めることができるのだとされています。老人ホームでの活動は、過去の再解釈に共同作業として行うという、実践の場になっていきました。

大震災から四年後の二〇一四年度は、新たに被災地の古写真を使った新たな展示を始めました。二〇一四年八月一日、わたしは活動の一部をともにしてきた北海学園大学人文学部の岩崎まさみ教授を講師に招き、「鮎川浜における地域文化としての捕鯨」と題した公開講演会を東北学院大学で企画しました。この会場で出会ったのが震災当時の石巻市牡鹿支所長で、退職後の現在は鮎川の風景を思う会の代表をされている成澤正博氏です。成澤氏は、現役時代に二〇〇七年全国捕鯨フォーラムの旧牡鹿町への誘致にともない、地域住民から牡鹿半島の古写真を収集しました。その写真の現物は今回の津波で流してしまいましたが、デジタルデータが残っていました。成澤氏は、それ

を使って何かしたいとおっしゃっていたので、さっそく学生たちと写真の整理に取り掛かりました。すぐに驚かされたことは、六〇〇枚を超える半世紀以上前の写真が集められていたことです。

古写真を地域づくりに活用しようとする試みのなかで、近年注目されているのが新潟市での取り組みをまとめた原田健一ほか編著『懐かしさは未来とともにやってくる』（学文社、二〇一三）です。同書では、「映像資料は、地域社会の過去の姿を伝える貴重な文化財であると同時に、地域に対する現在のわれわれの認識を捉え直し、さらに未来の地域の進むべき方向を指し示す重量な材料にもなっていく」ものであるとしています。絵はがきや写真に写った内容は、過去を知るための資料としてだけでなく、それと対面しその経験を共有することが現代の私たちにとって地域の魅力再発見のための新しい視点を得ることにつながり、さらに地域のこれからを考えるうえで独特な役割を果たしうることが主張されています。

こうした議論を踏まえ、わたしの関心は、かつてのくらしの風景や捕鯨基地の町の賑わいを彷彿とさせる古写真は、津波で壊滅した現在の鮎川浜の人々にどのように受けとめら

次頁写真：サンファン館で開催した展示〈東北学院大学文化財レスキュー活動メディア班学生撮影〉

東北学院大学
TOHOKU GAKUIN UNIVERSITY

れるのかに向かっていきました。なぜならこれまで展示された被災資料の民具を前に、地域の人々がくらしのエピソードというかたちで新たな息吹を吹き込んでいくのを目の当たりにしてきたからです。ちょうどその時、再び鮎川浜で最大のイベントである牡鹿・鯨まつりへのお手伝いをすることになりました。今回は、捕鯨会社の外房捕鯨の大壁孝之所長から、東北学院大学の大学生にひとつブースを確保したから何かしないかとの打診を受けました。そこでわたしたちは鮎川浜の風景を思う会との共催で、二〇一四年一〇月五日開催の牡鹿鯨まつりのために、写真展「底抜けに楽しい！六〇年前のクジラ祭り」を企画し、B0サイズに拡大した昭和三〇年頃の鯨まつりの写真展を開催しました。また、翌週の二〇一四年一〇月一一～二六日まで、サンファン館を会場に、写真展「古

写真：牡鹿・鯨まつりで開催した展示〈東北学院大学文化財レスキュー活動メディア班学生撮影〉

写真と民具で振り返る　捕鯨の町・鮎川浜」を企画し、商業捕鯨の最盛期でもある昭和三〇年頃の捕鯨船と捕鯨会社の事業所の写真展を開催しました。

これらの写真は、震災直後あらゆる浜で行われた思い出の品探しで回収された写真とは、基本的に性格が異なります。この資料がもともと、全国捕鯨フォーラムをきっかけとして収集されたコレクションであり、商業捕鯨によって町の繁栄がピークに達しようとしていた時代の記録としての性格を持っています。また、捕鯨文化の足跡をたどるという意図のもと、成澤氏によって目的をもって収集されたものです。全国捕鯨フォーラム終了後は、個人的に管理されていたものの、被災して新たな意義を持って掘り起こされることとなったので、その意味では文化財レスキューされ

写真：牡鹿・鯨まつりでの大学生の活動〈東北学院大学文化財レスキュー活動メディア班学生撮影〉

た民具と同様の背景を持っています。

　この年度最後の活動はイオンモール石巻での大規模な展示でした。サンファン館での展示会場で、わたしは牡鹿半島の浜で被災し石巻市の仮設住宅に入居したり、石巻市に転居したりしている数十人の方々とお話しする機会がありました。そのなかで、牡鹿半島では震災前から、浜にある実家に加え、子どもが石巻市内の高校に通うタイミングで石巻市内にも住宅やマンションを用意する人が少なからずいることや、網地島や田代島といった離島から石巻市内に移住した人々の集住地域に、震災後の避難者も居住している場合があることなどを知りました。そして、牡鹿半島の鮎川浜だけでなく、石巻市内で展示をしてほしいという要望もいただきました。そんな折、たまたま大学生らとともに昼食を食べに訪れた複合商業施設で、店内のいくつもの休憩所が浜の出身者のおしゃべりの場となっているのを目にしました。そこで、イオンモール石巻でのイベントを企画して店舗側と交渉し、「牡鹿半島・思い出広場」と題したイベントを二〇一五年二月九日～一五日の日程で実施することとなりました。大学生たちの企画は、文化財レスキューされた民具と古写真の展示に加え、さまざまなワークショップとイベントを組み合わせた内容でし

写真：イオンモール石巻で開催した展示とイベント〈東北学院大学文化財レスキュー活動メディア班学生撮影〉

た。

同店の海の広場では、企画展「牡鹿半島　思い出広場」として、これまで鮎川浜やサンファン館で実践してきた被災民具と古写真による展示を作りました。この会場では、ワークショップ「体験！　文化財レスキュー」のブースを設け、脱塩処理を終えた鉄製品の民具をオリーブオイルでコーティングする小学生向けのワークショップを行いました。また、民具やクジラの部位標本などに触りながらクイズに答えてもらう「ハンズオンミュージアム」コーナーも設けました。家族連れの来場者の子どもたちにはこうしたブースで楽しんでいただき、大人の方にはこれまで同様、この会場で大学生が聞書きを行いました。

一方、太陽の広場というエスカレーターのある吹き抜け空間では、次のようなステージイベントを実施しました。「talking　みんぞくん」は、大学生がみずから取り組んでいる文化財レスキューの作業を紹介するトークです。「みんなで〝MINGO〟ゲーム‼」は、昔のくらしをクイズ形式でまなぶ小学生対象のビンゴゲームです。お気付きのように、民具（ミング）でビンゴなので〝MINGO〟です。「本日開講！　おしか学講座」は、わたしと大学院生が、牡鹿半島の民俗と文化について紹介する講義の形式をとった資料紹介の公開講座です。そして「ayu café　鮎カフェ」は、鮎川浜の風景を思う会の成澤雅博氏とPikari支援プロジェクトの遠藤太一氏とのトーク形式で、会場に来ていただいた牡鹿半島の方々を巻き込んでおしゃべりをするイベントです。この展示には、のべ一五〇〇名が来場し、多くの石巻市在住の牡鹿半島出身者に楽しんでいただくことができました。

この年の活動で、わたしが強く意識していたのは「脱・文化財レスキュー」という言葉です。展示やワークショップ、トークイベントなどの場で、そこに居合わせた人々が生み出し、共有するくらしのエピソードの集積は、それ自体が楽しいものであるべきです。展示されている民具と古写真を前に、地域の人々同士、学生と地域の人々などのさまざまな対話からエピソードが生み出されます。また過去に聞書きをしたエピソードに喚起されて、別の人々がみずからのエピソードを語り始めます。さらにこうした対話だけでなく、ステージイベントといったパブリックな空間で、地域のおしゃべり好きな人やキーマン的な人が、みずからのエピソードを披瀝する「ayu café 鮎カフェ」、筆者のような研究者が過去の民俗調査の事例から地元のくらしの特徴について話題提供し、その話に地元の人々がみずからの体験にもとづくエピソードを付与する「本日開講！ おしか学講座」、こうした場によって、一対一の聞取り調査の場を公共的な空間に引きずり出し、そこに居合わせたひとり一人が、過去と現在の生活を結び直していく、企画展「牡鹿半島・思い出広場」ではそのようなモデルを構想していました。

文化創造のインタラクション——大震災から五年目の被災文化財の展示活動——

二〇一五年は、被災地からの要望もあり、鮎川浜での展示を年度前半に二回開催しました。わたしは当時の石巻市牡鹿支所長の木村富雄氏との雑談のなかで、旧牡鹿公民館を再建せず、既存の石巻市牡鹿保健福祉センター清優館を公民館として使用する前例のない判断をし、活動の再開を優先させたいという意向をうかがいました。当時、公民館を拠点に市民活動をしている団体は、いつの時代も元気な婦人会などごく一部でしたので、わたしはこの場所を活性化させるための支援の必要性を感じていたのです。

こうした状況のなかで企画したのが二〇一五年六月二一日に開催した「牡鹿半島・思い出広場in鮎川浜」と、同年八月九〜一二日に開催した文化財レスキュー企画展「金華山と鮎川浜の歩んだ近代」です。会場は、牡鹿公民館として使用することとなった石巻市牡鹿保健福祉センター清優館です。六月の展示では婦人会のメンバーからの要望で前年のイオンモール石巻でのイベントで実施した「ayu café 鮎カフェ」を開催し、古写真からかつての浜のくらしについての話題でおしゃべりをする場を設け、三〇名ほどの地域住民が参加しました。八月は牡鹿公民館と毎年恒例のおしかのれん街前テントでの移動博物館を併設し、被災資料のなかから、とくに牡鹿半島沖にうかぶ神体島である聖地・金華山への信仰や生活のかかわりを示す民具と近代の観光化を示す戦前の絵葉書やガイドマップの資料、金華山の祭の古写真と昭和中期のニュース映像などを展示しました。金華山黄金山神社は、山形県の出羽三山、青森県の恐山とともに「東北三霊場」に数えられる名所で、現在に至るまで鮎川浜は島へ渡る玄関口としての役割を持ってきました。

この企画は、前年の展示での聞書きで得たデータのなかから、金華山信仰や海に関する俗信にかんするものをピックアップして構想したもので、それに関連する被災資料で展示を構成しました。鮎川浜をはじめ牡鹿半島の浦々では、金華山に豊漁や家内安全の願いをかけて祈ってきました。また、鮎川浜からは金華山への渡船が営まれ、金華山観光の玄関口としてにぎわってきました。とりわけ一二年に一度の巳年に開催される大祭は、神輿が黄金山神社の本殿から海岸まで渡御していわゆる浜降りを行い、神力を高めた神が再び本殿にもどるという盛大な祭です。また、漁船で金華山を三度周回すると大漁になるとか、海上で失せ物をしたときに金華山の方角に向かって祈ると見つかるとか、漁船で横切る際には燈明をつけて酒や洗米を撒いて一礼拝むとか、七尾のサンマを海に投げて奉納し海上

安全を祈るとか、人々の金華山への思いは特別なものがあったようです。こうしたデータをより集めるためにこのテーマを設定し、およそ四〇〇名の来場者と老人ホームおしか清心苑での聞書きから、多くの興味深い海との関わりのエピソードを加えることができました。

大震災から五年目の最後の活動は、二〇一六年二月七～一一日までイオンモール石巻で開催した第二回目となる「牡鹿半島・思い出広場」です。展示での聞書きのデータをもとに企画した新たな展示を核として、それを共有する場としてのトークイベント「ayu café 鮎カフェ」、文化財レスキューを知ってもらうためのワークショップ、子どもたちを対象とした昔のくらしについて知ってもらうためイベントという組み合わせによる移動博物館というかたちは、私たちの移動博物館のひとつのモデルとなっていきました。

今回の展示では、二〇一五年度のそれまでの展示会で集められた聞書きデータのなかからフィードバックするかたちで企画を進め、鮎川浜におけるスポーツと生活とのかかわりにスポットを当てました。鮎川浜は近代捕鯨基地として栄えた町で、大手水産会社が多数進出し、仕事を求めて多くの人々がこの小さな町に全国から集まりました。捕鯨会社や

写真：保健福祉施設で開催した展示〈東北学院大学文化財レスキュー活動メディア班学生撮影〉

役所など地域のなかで結成されたいくつもの野球チームの活躍、今では信じられないほど盛大な運動会、そこで活躍するお父さんたち、女性たちが地区ごとに競い合って出す鯨まつりのパレードで踊り、十八成浜の海水浴場の賑わいなど、人々のいきいきとしたくらしの営みをテーマにし、それに対応する古写真や民具を展示しました。展示には期間中のべ八〇〇名余りの来場者があり、多くの聞書きデータを加えることができました。最終日には、イオンモール石巻の太陽の広場の特設ステージを会場に、明治時代の牡鹿半島を写した貴重な写真を紹介しながら、昭和三陸津波以前のすがたに思いをめぐらせる「Ayu Café（鮎カフェ）」を開催しました。

このステージでは、学生たちが企画した、牡鹿半島で使われてきた民具を楽しみながらくらしについて学ぶカード・ゲーム「MINGUバトル・アルティメット」も開催し、一〇〇名ほどの小学生が参加しました。これは、子どもたちに人気のカード・ゲームにヒントを得た「MINGUカード」を使った対戦形式のゲームです。一枚ごとのカードには、被災民具の写真がデザインされており、それぞれのカードには、水・火・葉っぱの属性を持っており、水は海にかんする民具、火は台所にかんする民具、葉っぱは農業にかんする民具

写真：イオンモール石巻で開催した展示とイベント〈東北学院大学文化財レスキュー活動メディア班学生撮影〉

島の鮎川では、捕鯨が盛んだよ。
刺身でおいしいミンククジラはこ
の捕鯨文化を支えてきたんだ。
捕鯨銛
—ほげいもり—
Attack
4500
クジラを捕る時に使う道具。長い柄とひもを装備し、くじらを仕留める。
牡鹿半島では、これを使った工芸品が作られてきた。捕鯨船では、これに絵を描く人もいたらしい。みんなの思い出が詰まっているよ。
鯨のひげ
—くじらのひげ—
Attack
2000
くじらの「ひげ」と呼ばれる器官。オキアミやプランクトンを海水ごと飲みこみ、「ひげ」でこしとる。
MINGUバトル
アルティメット
GAKUIN UNIVER

SR
アイロン
熱をまとった炭を力に変え、服のしわを正す道具。やけどに注意!
R
牡鹿半島では、せまい畑を使って内陸の農家のために作物の種を育てる仕事があったらしいよ。この唐箕はそれを伝える貴重なものだよ。
唐箕 ーとうみー
取っ手を回し風力を発生させ、穀物の実と殻を選別する高性能マシーン。
これは玄米を白米にするために使われる臼なんだ。この作業は子どもも手伝ったけど、なんと一時間以上もつき続けたんだって。
臼 ーうすー
もちや白米を生み出す時に使われる。相棒の「きね」とともに使うことで、真の力を発揮する。
Attack
3000
UR
牡鹿半島の先にある金華山には、古くから漁師さんが大漁祈願をする信仰があるよ。ヘビの神をまつる12年に一度のお祭りは盛大なんだ!
祈祷札 ーきとうふだー
神のカード。
祀られることにより真の力を発揮する。
Attack
7000
緑の広場
東北学院大学

に分類され、それぞれ水＞火、火＞葉っぱ、葉っぱ＞水と三つ巴の関係になっています。それぞれのカードには、下にその民具の使い方の説明、上にこれまでの聞書きで得たくらしのエピソードが書かれていて、親しみながら昔のくらしを想像してもらうというものです。会場にはイベント時間が終わっても子どもたちと大学生がワイワイとゲームを楽しんでいました。

被災直後の三年間ほどのあいだ、人文学は無力感にさいなまれていました。しかし、ポスト文化財レスキュー期にあたる復興期は、人文学はいよいよ本領を発揮する時です。政治や経済、医学、工学などと異なり、いつ役に立つかわからないとみられることの多い、文化や歴史、物語、芸術が、かけがえのないものとして過去と現在、そして未来をつないでいきます。その手助けをするための「復興キュレーション」では、博物館活動を展開しながら聞書きをし、地域の人々が大切にしたいと思っているもの、とりわけ人生の営みや、生活となりわい、そこでくらしてきたという事実を、さまざまな切り口で掘り起こすことが重要です。それを展示という目にみえるかたちでフィードバックし、さらに聞書きを積み重ねていく。そうした文化創造の場を、より楽しいものにしていくためのワークショップやイベントの開催。研究者が一方的に文化的な価値を提示するのではなく、対話のなかから浮き彫りになるトピックを展示でフィードバックし、そこから次のテーマが展開していく「文化創造のインタラクション（相互作用）」が、「復興キュレーション」の具体的な方法論になりうるのではないかという実感を得たのが大震災から五年目の活動でした。

「新しい野の学問」の実践へ　―大震災から六年目の被災文化財の展示活動―

大震災から六年目は、サンファン館で開催された復興商店街対抗で復興グルメを競う食のイベントである「復興グルメF－1大会」へのブース出展や、仙台市の勾当台公園で開催された防災・環境保全ｅｃｏ復興ｉ－ＬＡＮＤ in ＳＥＮＤＡＩへ出展するおしかのれん街の展示への協力など、鮎川浜の復興商店街おしかのれん街から協力を要請される機会が増えました。鮎川浜での文化創造活動は、これまでこの復興商店街をはじめ、地域の行政、地元企業や商工会、漁協、捕鯨会社、老人ホームや福祉施設、学校、ボランティア団体、市民サークルなどとの協働によって営んできました。移動博物館の形式をとったわたしたちの活動は、大学生がこうした地域の多くの人々との関係を結び、新たな〝楽しいこと〟を生みだしていく過程でもありました。展示は、二〇一六年夏までの四年間に、一二回にわたって開催し、資料が被災した現場の牡鹿半島、半島の多くの人々が仮設住宅で生活を営む石巻市、被災した故郷を離れた人々が多く住む仙台市において展開してきました。こうした活動で地域の人々の信頼を得るためには、継続的なかかわりのなかで、こちらがどんなことができて、地域にどんな協力を期待しているのかを、知ってもらうことが最も重要でした。わたしたちの活動に対し、さまざまな立場の人が「一肌脱いで協力してやろう」と動いてくれるようになった六年目は、活動の雰囲気も大きく変化していきました。

二〇一六年度の最初の活動は、八月一一～一四日に開催した文化財レスキュー企画展「くじら探検記—アメリカ自然史博物館所蔵・明治の鮎川浜の写真—」でした。それまでわたしたちがテントを建てて移動博物館を開催していた更地には、石巻市復興まちづくり情報交流館・牡鹿館が建設され、被災地の情報発信をしていました。この都市は、牡鹿館の指定管理者として運営を担っているおしか創業石巻市牡鹿地区復興応援隊、そしてこの施設の立ち上げに深く関与していた一般社団法人おしかリ

ンクといろいろな場面でともに仕事もすることが多くなりました。

今回の展示は、アメリカ自然史博物館所蔵のアメリカ人探検家ロイ・チャップマン・アンドリュース（一八八四～一九六〇年）が撮影した、一〇〇年前の鮎川浜の風景の写真展を企画しました。アンドリュースは、アメリカ合衆国の著名な探検家・古生物学者で、アメリカ本国では、アンドリュースが記した子ども向けの科学読みものや探検記はとても人気があります。その活躍からハリウッド映画『インディ・ジョーンズ』シリーズのモデルとも言われ、中央アジア探検隊を率いてゴビ砂漠で恐竜の卵を発見したことで知られています。彼の著した探検記『蒙古狩猟行』は日本でも昭和一六年に翻訳出版されました。一九一〇年、アメリカ自然史博物館の学芸員として鯨類の調査のために来日したアンドリュースは、日本列島や朝鮮半島の捕鯨基地をめぐるなかで鮎川に滞在

ロイ・チャップマン・アンドリュースの著作

前頁写真：牡鹿公民館跡地に建設された石巻市復興まちづくり情報交流館・牡鹿館
〈東北学院大学文化財レスキュー活動メディア班学生撮影〉

し、クジラの生物学的な調査を行いました。今年は、アンドリュースが日本での調査をまとめた探検記『砲とカメラで鯨を捕る』〝Whale Hunting With Gun And Camera〟が出版されてから、ちょうど一〇〇年の記念の年でした。アンドリュースの撮影した写真には、今から三世代以上前の鮎川浜の住民の姿がとらえられています。わたしは、地元主体のミンククジラ漁がまだ始まっていなかった時代にタイムスリップして、地域のうつり変わりを知ることで、復興していく鮎川浜について考えるきっかけにしてもらいたかったのです。展示には、地域住民や市外から墓参りや盆の訪問のために訪れた元住民など、四日間でのべ五〇〇名あまりが来場しました。例年どおり、特別養護老人ホームおしか清心苑やデイサービスでの聞書きを行いながら、大学生たちは各戸を訪ねて盆の過ごし方や、親戚付き合いなど、さまざまな聞書きのデータを獲得していき、次の活動のヒントを探っていました。

これに続いて文化財レスキュー企画展「鯨まつりのにぎわい」を、二〇一六年八月一五〜九月五日まで、同じ石巻市復興まちづくり情報交流館・牡鹿館を会場に開催しました。これはこの年、八月二八日に実施されたおしか鯨まつりに合わせて企画したもので、鯨ま

つりの草創期である六〇年前の祭の様子の写真を中心に構成しました。大震災前の鯨まつりの呼び物は、地区の諸団体によるパレード、捕鯨砲の射撃実演、花火大会といったものでした。宮城県沿岸部では、石巻の北上川川開きをはじめ、こうした町をあげての夏祭が各所で開催されてきました。この展示では、そうした鯨まつりで行われてきたイベントにスポットをあて、古写真を展示しました。

この年の鯨まつりでは、わたしと大学生たちは、会場での聞書きや解説はもちろん、ツチクジラの炭火焼の無料配布や金魚すくいコーナーの

写真：石巻市復興まちづくり情報交流館・牡鹿館で開催した展示〈東北学院大学文化財レスキュー活動メディア班学生撮影〉

対応などを担当しました。この金魚すくいは、被災地の更地にできた池で、だれかが捨てた金魚が自然繁殖し、その場所が嵩上げ工事で埋め立てられるのにともなって〝レスキュー〟されたものです。この金魚の里親探しというのが、この金魚すくいコーナーの目的です。実は似たようなことは、石巻市内の南浜地区でもあったそうです。多くの犠牲者を出した海岸沿いの住宅地の門脇と南浜の両地区には、地盤沈下にともなってあちこちに池や湿地が出来ていました。そこに水鳥や昆虫、淡水魚が繁殖したのです。この場所に石巻市南浜地区復興祈念公園が建設されるのにともない、大規模な嵩上げ工事が行われることになったのに対し、住民からの要望でこの湿地を公園の一部に盛り込むことになったのだそうです。仙台市沿岸部の荒浜地区では、在来種メダカを保護する活動があります。震災後は、人々が津波の浸水地域に戻れない状況と、繁殖したメダカが嵩上げ工事や整備のために戻る場所がないことを、重ね合わせて紹介されることもあります。震災後の非日常的なくらしが日常的な風景になるなかで、それが嵩上げ工事で地中に埋もれることになったときに、更地の記憶もまた別の意味が付与されていくのです。

写真：牡鹿・鯨まつりでの大学生の活動〈東北学院大学文化財レスキュー活動メディア班学生撮影〉

鯨まつりでの展示は、恒例になっていきました。この展示では、わたしたちの活動の中心を担っていた各世代の卒業生が企画した展示もコラボレーションしました。卒業生たちは、一般社会に出てからもわたしたちの活動に来場し、後輩をねぎらってくれましたが、就職して数年が経過して余裕がでてくると、世代を超えて集まり、展示を準備するようになったのです。内容は、それぞれの世代の聞書きデータからひとつずつエピソードを選び、それを文章として整え、イラストを描いて紹介するものです。この展示は、もともと地域の人々への聞書きデータのなかにあったもので、それをよりわかりやすく示した表現によって、古写真以上に深い共感を得ました。この展示を前に、来場者はそれぞれの思い出をごく自然に語り始めます。来場者同士で話は盛り上がり、満足感が広がります。大学生たちはそれを聞き取りながら、さまざまな問いかけを入れてエピソードを膨らませていきます。かつての町の賑わいを彷彿とさせる鯨まつりは、聞書きの絶好の機会でもあります。

二〇一六年の秋は、第一三回復興グルメF－1大会にも出展しました。東日本大震災で被災した岩手、宮城、福島三県の各所の仮設商店街が、地域特産の食材を使った創作

次頁写真：復興グルメF－1大会で開催した展示〈東北学院大学文化財レスキュー活動メディア班学生撮影〉

牡鹿半島・思い出広場
東北学院大学
牡鹿半島・思い出広場
東北学院大学

料理で競うこのイベントは、認定NPO法人アムダが東日本復興支援事業の一環として二〇一二年に行っている「被災地間交流事業」のひとつです。各商店街が持ち回りで運営することになっているのですが、この年はおしかのれん街が中心となって企画する番で、宮城県慶長遣欧使節船ミュージアムがある石巻市のサン・ファン・バウティスタ・パークを会場に一〇月九日に開催されました。わたしたちは、鮮魚店を営むおしかのれん街の石森政成会長から、牡鹿半島の文化を紹介する展示をしてほしいと依頼され、スタッフとして参加することになったのです。

大学生たちは復興グルメF－1大会での展示を、夏に開催した文化財レスキュー企画展「くじら探検記」で得られた聞書きデータの内容をフィードバックするかたちで企画しました。グルメイベントでの展示を意識して、特に鯨肉の調理法や保存法などのデータを使うことになり、タイトルは文化財レスキュー企画展「鯨肉食のあれこれ」となりました。展示としては、クジラの部位ごとの料理について紹介する展示や、エピソードを楽しく読んでもらえるような工夫を凝らしましたが、ここでもメインは聞書きです。大学生たちは、来場者に鯨肉食について紹介しつつ、鯨肉の思い出はありますか?、おたくではどんな調理をしますか? 世代ごとの好みはありますか? 給食では? ——とさまざまな鯨肉食のデータを聞書きします。そしてそれをすぐに調査票に概要を記し、展示会場に掲示していきます。

こうして集めたデータをもとに、さらに拡充した展示を同年一一月一一日〜一二月末までの展示として石巻市復興まちづくり情報交流館牡鹿館に再び持ち込み、調査データを鮎川浜の人々にフィードバックしました。

わたしの専門とする民俗学は、一般には民間伝承や伝統文化を守り伝えるためにそれらを記述するような学問としてとらえられています。書店の民俗学コーナーには、よく妖怪や都市伝説、ひいてはオカルト的な精神文化や現代風俗にかんする本が並べられることもしばしばあります。そうしたイメージとは違い、現代の民俗学は、同時代の様々な問題に対して現場に関わりながら実践的に議論していく、アクティヴな学問としての性格を強めつつあります。東京大学東洋文化研究所教授の菅豊氏は、こうした「地域社会をめぐる知的生産と社会実践は、単にアカデミック研究者や公共部門の研究者だけが担っているのではなく、さらに広く「アカデミックの外の場」の人びとによっても展開されている」(菅二〇一三、二〇六頁)とし、そうした意図をもったいくつもの動きを「新しい野の学問」と名づけています。そして「新しい野の学問」の運動のエッセンスを以下の六点に整理しています。

一、応用的・実践的であること
社会のなかで「役に立つ」ということを目標とし、社会のなかで評価を受ける
二、脱学問領域的であるということ
アカデミックの世界の特定の狭いディシプリンに閉じ籠ることなく、多様な叡智と技能、経験を使う
三、脱立場的・脱属性的であること
アカデミックから公共部門、さらに普通の生活者などの「アカデミックの外側」の人びとも含む多様で異質なアクターが参画する
四、協働的であること
多様で異質なアクターが、「ガバナンス」というかたちでフラットに結びつき協力する
五、実体的な現場主義であること
地域の日常生活のなかで等身大の人間の問題を発見し、方法を現場に即して選択し、帰納的に理解する
六、再帰的・順応的であること
他者と自己を含む知識生産や社会実践をその過程で振り返り、内省して修正し、次の知的生産や実践につなげる

わたしたちは、「復興キュレーション」を単なる被災地支援やボランティアとしてのみ行っているのではなく、「新しい野の学問」の実践としての問題意識を持って取り組んでいます。地域社会を生きる当事者と研究者が協働する活動によって、お互いの相互作用で見えてくる意味や価値をかたちにし、地域コミュニティの維持や発展に生かしていくことで、被災資料は地域において新たな意味を生み出す媒介物に転換します。

石巻市鮎川収蔵庫のあった鮎川浜には、嵩上げ工事後に三陸復興国立公園牡鹿半島ビジターセンターが新設される予定です。また、それに隣接して、もともと石巻市の管理下にあって被災したおしかホエールランドが復旧される予定です。さらに、現在地域の情報発信の拠点として活動している石巻市復興まちづくり情報交流館・牡鹿館の後継施設も、設置が計画されています。鮎川浜では、こうした公共施設が復興事業のなかで次々と整備されていくのですが、それぞれ所管する省庁や役所の担当課が異なるため、それらのミュージアム的な施設を通じて町全体をどう文化的に活性化させていくのか、そのグランドビジョンはどうもみえてこないのが実情です。

新たなミュージアムのかたちへ
―ポスト文化財レスキュー期の博物館空白を埋める移動博物館―

東日本大震災の被災地では、文化財レスキューと、現在進められている博物館復興の間の、ポスト文化財レスキュー期における博物館空白が顕著です。博物館空白とは、復旧業務や行政発掘等の復興関係の文化財保護業務のために、展示や様々な普及活動が停滞する状況です。

再建される博物館は、被災前の状態に復旧するのではなく、災害発生時から再開館までの間に展開できた博物館活動と、現在進行形の被災地の時間感覚を踏まえたものであるべきだと、わたしは考えています。災害を経て地域文化の果たす役割や、人々の歴史観、研究者の資料観などは大きく転換します。加えて、地域住民のミュージアムに対するニーズや、復興後の地域社会における地域文化への愛着の持ち方なども決定的に変化します。にもかかわらず、レスキューされた文化財や資料を活用した文化創造活動は極めて低調なのが現状です。「復興キュレーション」によって、被災後の地域社会の博物館へ求めるものや、文化財に対するイメージの変化、復興後の博物館の役割と活動モデルを提案することは、わたしたちの当面の課題です。

三陸沿岸の被災地では、多くの町や集落が津波で壊滅し、復興にあたっては住宅の再建が制限されています。また、地域に継続的に居住できる地域においても、嵩上げ工事や防潮堤建設などを経て地域の景観は全く異質なものとなっていきます。地域社会の復興においては、被災前のくらしを伝える民俗資料や聞書きデータは、過去と現在、そして被災経験を踏まえた地域の未来像をつないでいく役割を担っていきます。とりわけ民俗資料は、「被災地で生きていくこと」において新たな意味を担っており、ポスト文化財レスキュー期の移動博物館は、その意味創出の場となります。

次頁の図は、時間軸を追って展開させていく、文化創造活動のキュレーションの流れです。被災当時は文化財をモノとしてレスキューする活動しかない《すくう》という段階であり、具体的には「文化財レスキュー隊による資料の捜索・救援」、「盗難防止・資料保全のための一時保管先への移動」、「真空凍結乾燥等の劣化進行防止の措置」などがこれにあたります。これまでに地域での研究や文化活動、自治体史編纂といった事業などを通じて形成された、意図を持って集められたコレクションをレスキューするのが目的で、文化財的な意味での貴重さのみならず復興期の文化創造の資源たりうるものとしてレスキューす

つなげる

- 被災地での移動博物館やワークショップ等の活動
- 地域の様々なアクターの協働による活動の基盤形成
- 被災地経験をふまえた過去の再解釈の場の創出
- 地域住民による物価資源の再発見
- 文化創造活動によるレクリエーションの場の創出

かたりあう

- 過去と現在のつなぐ、地域のくらしのイメージの形成
- 地域のコンテクストにおける大切にしたいものの再発見
- レスキューされた文化財の意味創出
- 市民参加型の博物館活動の継続
- 学生やボランティア、地域への共感者の主体的な活動
- 復興する地域におけるミュージアム像の模索

るのです。

次にこれを保全するための**《のこす》**という作業は、筆者の現場を念頭に置けば「被災状況の記録とドライクリーニング等の簡易処置」、「殺虫処理・脱塩処理等の保全作業」、「破損した部品の発見・接合」、「写真撮影・台帳目録整備」、「仮収蔵庫整備までの一時保管と経過観察」などの作業があります。これは前章で詳しく紹介した通りで、膨大な労力と多額の資金を必要とし、プロフェッショナルな技術を要求される領域と、市民や学生でもできる領域がある

大規模災害
・
ミュージアム
の被災

文化財レスキュー期

すくう

- 文化財レスキュー隊による資料の捜索・救援
- 盗難防止・資料保全のための一時保管先への移動
- 真空凍結乾燥等の劣化進行防止の措置

のこす

- 被災状況の記録とドライクリーニング等の簡易処置
- 殺虫処理・脱塩処理等の保全作業
- 破損した部品の発見・接合 写真撮影・台帳目録整備
- 仮収蔵庫整備までの一時保管と経過観察

復興キュレーションのイメージフロー

ことがよくわかりました。

ふつう文化財レスキューというと、ここまでの段階をいいますが、わたしは震災直後の応急対応の状況を脱した段階で、**《つなげる》**という段階に移行していくことが必要であると考えています。「被災地での移動博物館やワークショップ等の活動」、「地域の様々なアクターの協働による活動の基盤形成」、「地域住民による文化資源の再発見」、「文化創造活動によるレクリエーションの場の創出」などを内容としています。これがポスト文化財レスキュー期の文化創造活動につながっていき、さらに復興過程にある地域社会に文化の新たな意味を投げかけていく《かたりあう》という段階が視野に入ってきます。「過去と現在のつなぐ、地域のくらしのイメージの形成」、「地域のコンテクストにおける大切にしたいものの再発見」、「レスキューされた文化財の意味創出」、「市民参画型の博物館活動の継続」、「学生やボランティア、地域への共感者の主体的な活動」、「復興する地域におけるミュージアム像の模索」など、この時期にすべきことは挙げはじめたらきりがありません。

こうしたポスト文化財レスキュー期の文化創造活動は、震災前には無かった新たなデータバンクを作り出しつつあります。すなわち、震災後の考古遺物と民具、町史編纂資料を中心とした資料の復旧にとどまらず、活動の過程で聞書きによって得られたくらしのエピソード、再発見された古写真や映像、牡鹿半島のくらしや生業にまつわる過去の新聞記事や、地域の公民館だよりや広報、ミニコミ誌など、さまざまな媒体の情報を集めて集積しています。

このように、文化財レスキューによる資料の応急処置のための作業と、被災地で博物館活動の場を設定して実行する価値創造のための活動を、同時並行で進めていくのが「復興キュレーション」です。そして、その活動が地域の文化資源のデータバンクを充実させていき、地域住民にとって大切にしたいものがみえてきます。その価値感をもとに企画した展示などの博物館活動をフィードバックすることにより、「文化創造のインタラクション」が確立していくというのが、わたしの構想する被災後の地域博物館のモデルです。その活動の主体は、必ずしも自治体や研究者にとどまらず、むしろ研究者は活動の舵取りを行い、地域のさまざまなアクターの協働を推し進めていく役割が求められます。また、活動の場は必ずしも公共施設のような〝箱〟や組織を前提とせず、むしろ公共施設や商業施設、福祉施設、学校、地域のさまざまなイベントなど、機会と場に応じた規模とアドホックな（目的に応じた）メンバーによる協働によって、プロジェクト的に展開させていくことが、多くの人々を巻き込んでいくことにつながります。

文化創造というクリエイティヴな営みは、アイデンティティの確認や、自己肯定、人々の融和、共感や満足感を育むものです。こうした活動は、厳しい被災状況からの復興においても、地域の人々とともに楽しみながら展開することが、連携する主体同士の信頼関係につながります。こうした活動は、被災地の個別の状況に対応しながら臨機応変に展開することが求められますが、それを舵取りする研究者や学芸員はオンゴーイングな態度でさまざまな実験をすることになります。そのため、短期的な成果を目指すのではなく、新たなミュージアムのかたちを模索するような長期的な関与を前提とした息の長い活動が必要とされます。

被災地の復興において、文化の面から求められるもののひとつが、地域の人々の心の内にあって、互いに共有可能なくらしのイメージです。それを共有し膨らませていくためのプラットホームとしての役割こそが、被災地のミュージアムの役割です。被災資料を使った博物館活動によって、新たな価値をほりおこし、わかちあう。わたしの場合は、それをポスト文化財レスキュー期の博物館空白を埋める移動博物館というかたちをとって実践してきましたが、その手法は実にいろいろな可能性が考えられるでしょう。

3

かたらい、おもんぱかる

●〝被災地〟から人生のいとなみの場へ●

モノをめぐって〝声〟が響き合う

ポスト文化財レスキュー期の博物館空白を埋める移動博物館活動において、わたしたちは被災資料を被災地で展示しながら来場者に聞書きを行い、「ひとり一人のくらしの風景」にまつわるエピソードを集積してきました。これは、人生の営みや、生活となりわいに対する共感、民具から喚起される人や風景の思い出と、そこにいた過去の自分に対する思い、過去と現在をつなぐくらしのエピソードから描き出されます。

わたしたちの聞書きは、ふつうの民俗調査で行うような民俗調査項目をあえて用いません。いわゆる文化庁方式の民俗資料調査は、①衣・食・住 ②生産・生業 ③交通・運輸・通信 ④交易 ⑤社会生活 ⑥信仰 ⑦民俗知識 ⑧民俗芸能・娯楽・遊戯等 ⑨人の一生 ⑩年中行事 ⑪口頭伝承（口承文芸）の項目に細項目を設けて聞書きを行い、そこから有形の民俗資料と無形の民俗資料の有機的な関係を探るという調査法です。また、こうした項目同士のつながりによって地域のくらしを描き出す民俗誌は、民俗学の基本的な技術です。

これに対しわたしたちのプロジェクトでは、語り手の主観をとても重視しています。具体的には、まず民具や被災資料、古写真などの素材を地域の方に見ていただきます。そしてそこから思い出されること、そこからさらに展開する「脱線ばなし」に、大学生たちは徹底的に付き合っていきます。そしてそれを聞書きシートに記録しながら、その話題同士のつながりをさぐっていきます。

例えば、捕鯨銛の民具をみて捕鯨船で南氷洋に行った武勇伝が語られ、そこから捕鯨船での食生活の話題になり、それに対比させて浜のくらしでの食事の話になり、それを作っていた母親のすがたに思いを馳せ、女性の浜での仕事による小遣い稼ぎの話を語るといった対話の中の「脱線ばなし」です。捕鯨銛と浜の小遣い稼ぎは、直接は結びついていませんが、話者のエピソードのなかでは意味を持ってつながっています。

そもそも民俗調査では、たとえば飯を入れる藁櫃《わらびつ》をみて、だれもが炊飯した飯を保温するものだと説明をするわけではありません。対話のなかでは、それを使っている人物や、それを使った時代についての話題が付随し、ときには人を笑わそうとするような小噺の形式をとる場合もあります。わたしたちの聞書きシートには、藁櫃を嬰児籠《えじこ》の代用として赤ん坊のベッドとして使用したために、我が家の藁櫃はオシッコ臭かったのだというエピソードがあります。ひとつひとつは各家庭の個別の状況のなかで営まれるものですが、しかしそこからしか描き出せないものもあります。そうした情感あふれるエピソードを展示にフィードバックすると、来場者はそれを受けて自分のエピソードを披歴しはじめます。

東日本大震災の被災地には、いくつもの震災関係の普及施設が建設され始めています。そうした施設では、地域の人々によるさまざまなくらしのエピソードを、文章パネルとして展示することがよくあります。しかし、わたしはこうしたエピソードを文章として掲示するだけでは、心に響くものとはなりにくいのではないかと感じてきました。これまでのわたしたちの展示で、大学生たちは聞書きで得たエピソードを日記帳のような形式に編集して手に取って読んでもらうラミネートパネルにしたり、民具の写真をエピソードとともに見せる映像作品を作って壁に映写したりして工夫してきました。その試みのひとつが、くらしのエピソードをイラストにして展示するものです。本書の口絵には、例として四つのエピソードとイラストを掲載しました。このイラストは二〇一三年に東北学院大学を卒業し、現在もOGとして私たちの活動に関与を続けている蕪武美佳さんが、二〇一六年度開催のいくつかの展示のために描いてくれたものです。そのなかのひとつがクジラの竜田揚げにまつわる複数の聞書きエピソードを一枚におさめた、題して「タツタ曼荼羅」というイラストです。

企画展で展示した商業捕鯨全盛期の港の写真をみて、五〇代男性の話者は昭和中期のエピソードとして、鯨肉が牛肉や豚肉よりも安価に購入できたので、鯨肉が日常的に食卓に並んでいたと語り始めました。鮎川での調理法は、赤身の大和煮、鹿の子と呼ばれる部位の味噌漬け、赤身の味噌漬けとその炭火焼（ステーキ）、煮こごり、赤身の竜田揚げ、ミンククジラやイワシクジラの刺身、湯がいたサエズリ（鯨舌）、酢味噌や辛子醤油をつけるクジラベーコン、塩クジラと呼ぶ皮付き脂身のクジラ汁、とバリエーション豊かです。クジラの竜田揚げは、給食の定番メニューでしたが家庭でもよく食べられていたようです。なかでもお母さんお手製の竜田揚げは、見た

目や味付けなどは家ごとで違い、いわゆる「おふくろの味」だったそうです。片栗粉をたっぷりとまぶした真っ白な竜田揚げをお母さんが作ってくれたことを、懐かしく思い出すのだそうです。

一方、こうした郷土食としての性格が強い鯨肉食は、牛肉・豚肉の代用品という意識も強くあり、とくに子どもたちにとっては飽きてしまうものだったようです。別の六〇代男性の話者は、家でクジラを毎日毎日食べて、さらに給食にも竜田揚げが出てくると「またか！」と思ってしまったことを、しみじみ思い出していました。戦後の食糧事情のなかでは、クジラの竜田揚げが給食の定番メニューというイメージが定着した時期でもあります。たまには高価なお肉が食べたいなぁとがっかりする教室の雰囲気が、学校生活で思い出す印象深いエピソードとなっているようです。こうした語りには、そこにいた友達の存在や時代の雰囲気が織り込まれていて、多くの人々の存在がにじみでています。

給食の鯨肉食のエピソードは、よく出てくる話題です。五〇代男性は、給食の側も工夫しようとしていたようで竜田揚げ以外にも、ケチャップとマヨネーズで和えて炒めたクジラのオーロラ煮がよく出ていたことを思い出しています。クジラの竜田揚げについては、切り方によってスジっぽかったりして、当たりハズレがあったそうです。スジがかみ切れずに飲込むのが難しいだけでなく、竜田揚げを食べて歯が折れたのだという逸話も語ってくれました。家庭では揚げたてを食べられるのでおいしい「おふくろの味」である竜田揚げは、作って少し時間が経ってしまう給食では、子どもたちの不評を買う定番メニューとなってしまったようです。

鮎川浜では、食文化に絡んだ展示を行うときには、いつもクジラの竜田揚げ「談義」が盛り上がります。そしてやっぱり一番おいしいのはミンククジラの赤身の刺身だというオチに至ります。これらを単なる食文化のデータとするだけでなく、「談義」に花を咲かせる人々それぞれの心のうちに思い描かれるくらしの風景に対する想像力を、かたちにして共有可能なものとすることが、復興キュレーションの重要なポイントです。

ある風景写真を引き金として、別々の人物の記憶からから紡ぎだされる食のエピソードは、互いに響き合ってくらしの営みへの想像力を育みます。ひとつの古写真や民具をめぐって響き合ういくつもの〝声〟が、人々にくらしのイメージを喚起させます。話者の語りや〝声〟の背景には、一人ひとりの人生があります。モノをめぐっていろいろな〝声〟が響きあっている。そんな多声性を帯びた展示の空間から、大学生たちは一〇〇〇枚を超える聞書きシートを紡ぎだすように記述してきました。わたしが展示の構成でもっとも気にかけて大学生に指示してきたことは、この〝声〟が響き合う空間の醸成です。

〝声〟とは、人々があるモノとの出会いをきっかけとして、埋もれた記憶のなかからくらしのイメージを得て、それを積極的に語るもので、大学生が受けとめて記述することでエピソード化され、集積していきます。〝声〟は、ひとまずその個人に固有の経験や記憶に立脚するものですが、しかし同時に対話なしには生まれ得ないものだという実感がわたしにはあります。語りにおいては、個人的な経験を他者と共有しようとしたり、他者のまなざしに追随して自らを位置づけてみせたり、そしてその語りにおいて自らのポジションを主張したりするなど、さまざまな立脚点がありますが、そこにいつも存在するのは、仕事なかまや友人、家族、近所の人など、身近な人々です。〝声〟はいつも、身近な人々の存在を引きうけて、みずからとの関係性のなかで吐露されるもののようです。

古写真や民具など、それぞれのモノをめぐって〝声〟が響き合う、そしてそのひとつひとつの〝声〟は、身近な誰かの〝声〟を引きうけるかたちで物語化していく、そうしてひとつの素朴なエピソードが生み出されていく、こうした対話のプロセスによって目指すものは、牡鹿半島という地域を「被災地」という単色刷りの風景から、「人生の営みの場」という多色刷りの「ひとり一人のくらしの風景」へと転換させることにあります。

ここからは、民具を見ながら物語られた、さまざまなくらしのエピソードの一部を、一〇〇〇枚以上の聞書きシートから抜粋して紹介していきましょう。

捕鯨と関連産業のエピソード

クジラのヒゲ

このクジラのヒゲは懐かしいなあ。このヒゲに絵を描いて飾ったり、掃除に使ったりしたよ。今ではそんな使い方はしないよね。でも当時はそんなに貴重なものとは思っていなかったんだ。昔捕鯨船に乗っていた人の家には大抵あるんじゃないかな。捕鯨船には二〇歳の時から乗っていたんだけどね、世界一周をしたときは、氷山を二四日かけて通り抜けたり、赤道を通過したりしたんだよ。南極はしけが多くて塩分も高いから、船が凍りやすくて大変だったなあ。獲ったクジラは船の上で解体するから、新鮮なクジラを食べることができたのはよかったかな。七ヶ月かけて日本に帰ってくるんだけど、世界一周したときは〝世界一周証明書〟がもらえたんだな。津波で流しちゃったけどね。

（六〇代男性）

写真：石巻市教育委員会所蔵

解剖刀《かいぼうとう》

今日はね、クジラの部位が手に入る日なんだよ。調査捕鯨の時期以外にも、沖の定置網、大謀網って昔からいうんだけど、これにミンククジラなんかも入るわけ。こういうのはIWCの管理の外にある。部位っていうのは内臓などのこと。例えば、クジラの腎臓はマメといって、湯がいて小さく切り、ポン酢で食べるとおいしい。ひとパック五〇〇円ぐらいで、この日だけ食べられる珍味なんだよ。調査捕鯨では、部位までは流通しないで検体としてとられてしまうから、これは調査捕鯨の時期以外の迷い鯨からしか得られない貴重なものなんだよ。

（六〇代男性）

写真：石巻市教育委員会所蔵

捕鯨会社の創業者の肖像写真

うちは津波で流されなかったから、ペンギンのはく製が残ってるんだ。ペンギンはたくさんの家にあった。うちの場合は、兄が南氷洋にいく捕鯨船にのって、お土産としてペンギンを凍らせて持ってきた。それを仙台のはく製屋さんに作ってもらって、兄弟全員に一体ずつ配ってね。大昔のことだけど、そういうこともあったのね。あと、生きたまま持ってきちゃって、それで鮎川の海で泳がせていたら死んじゃったっていう話も聞いたことがあります。

（八〇代男性）

写真：石巻市教育委員会所蔵

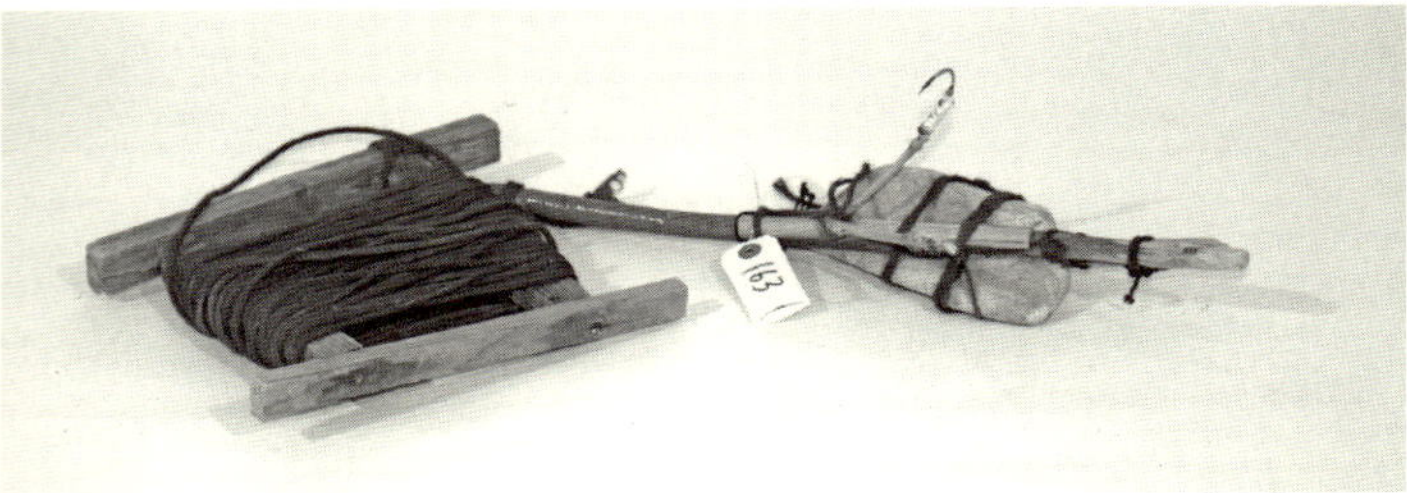

イシャリ

これはイシャリ、つまりタコ採りの道具だ。この真ん中の木の部分にエサをつけて、船の上から箱眼鏡で覗いて、海に入れるんだ。そしてこう上下に揺すってやると、タコは馬鹿だからエサが生きてるもんだと思ってくっついてくる。エサはな、最初は大根切ってつけとくんだ。まあ、イワシだのサバだのでもできるけど。それで、タコとれたらそのタコの頭の腑をとって、それをエサにしてって繰り返してくんだよ。俺も若い頃漁師やっててねえ。箱メガネ使ってウニとかアワビをとったりしたもんよ。

（七〇代男性）

写真：石巻市教育委員会所蔵

叉木《またぎ》

わたしは牡鹿半島の表浜側で長年くらしてきたんですが、これは漁業で使う縄を綯うための道具の一部で、三本の縄を撚って一本の太い綱にするときに、間で張り具合を整えるための支えです。左右の端から三本の縄をひねりながら組んでいく道具があってね、手で縄を綯うのと同じなのだけど、太いから道具を使うのです。ところが、長い縄だからテンションが整わないんだね。そこでこの叉木を真ん中あたりに挟んで持っておく。そうするときちんと整うんだね。ちょうどいい三叉になった流木を見つけたらおいておく。この道具を別々のをひとつに整えるという意味で、ナコウドと呼ぶんだ。

（七〇代男性）

写真：石巻市教育委員会所蔵

〆糟絞り具《しめかすしぼりぐ》

これは煮たイワシなどを絞って油と肥料を作るための枠ですね。海の仕事は食べるためのものだけでなく、肥料をつくる漁業というのもあって、たくさんの人を雇って仕事をしてきたんです。ところで、エビスオヤ―エビスコっていうの、牡鹿半島ではよくあることです。今でいえば保証人みたいなものでしょうか。外から来た人で、とくに面倒見てあげなければならない関係だったり、一目置いていて雇い入れたいと思うような人物だったり、とにかく地元に住んでもらって仕事の仲間に組み入れるときに、親子分の契りを結ぶっていうことがむかしからあるんです。変な言い方だけど、浜では親も子も「作れる」っていってもいいかもね。（八〇代男性）

写真：石巻市教育委員会所蔵

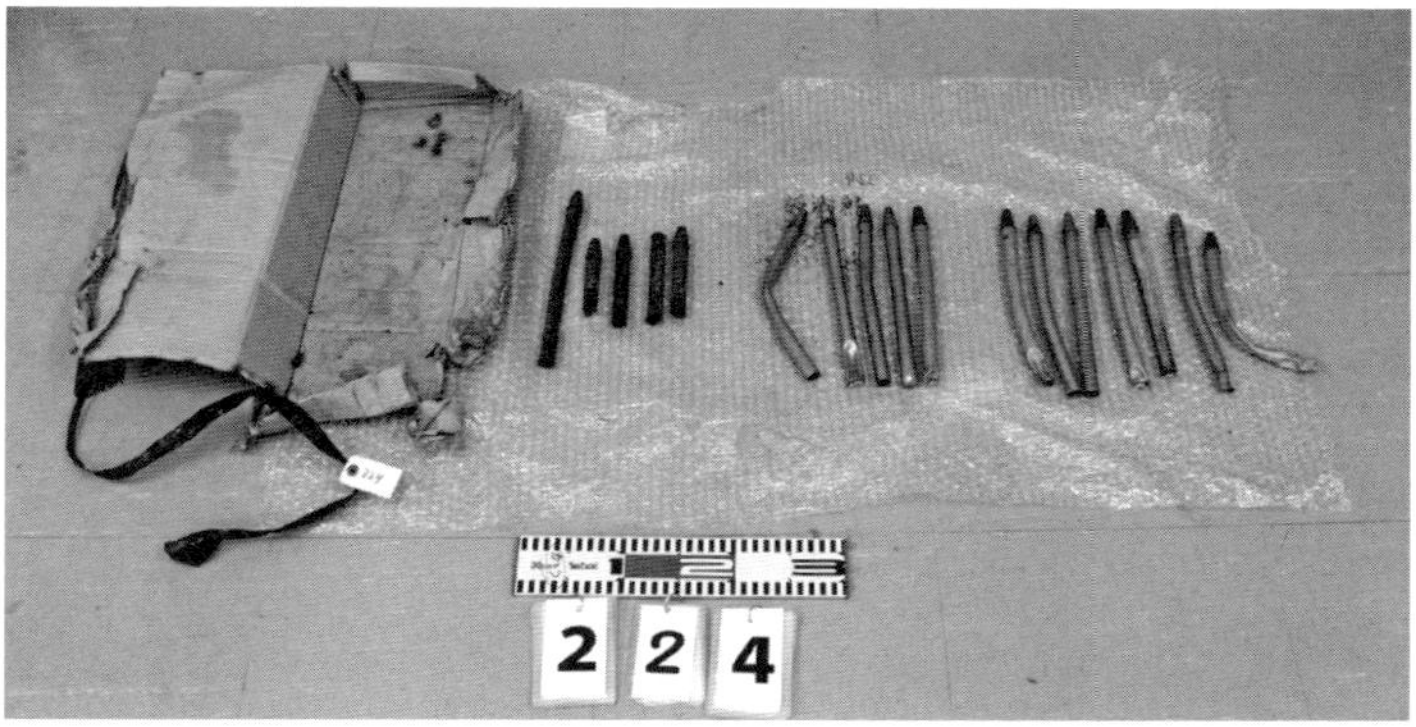

標識銛《ひょうしきもり》

おれは昔、クジラの解剖の事業所で働いてた。解体すること今でも解剖っていうよね。それでこの銀色のやつは標識銛といって、クジラの体に撃ち込む物。ほれ、ここに記号が書いてあるだろう。この記号は国や場所をあらわしているから、その鯨がどこで捕れたのかが後から見てわかるようになってる。本当はこれはクジラの解体前に取り除くんだけど、たまに発見されないものが肉の中に潜り込んだまま運ばれてくるんだ。それで、解剖しているときに標識銛をひとつ見つけるごとに三〇〇〇円のがもらえたんだ。見つけたときは嬉しかったなあ。一年に二、三回くらい見つかるくらいだったから、ちょっとしたボーナスみたいなものだったね。商業捕鯨が禁止になってね、調査捕鯨になったんだけど、そういうこともあったわけ。

（七〇代男性）

写真：石巻市教育委員会所蔵

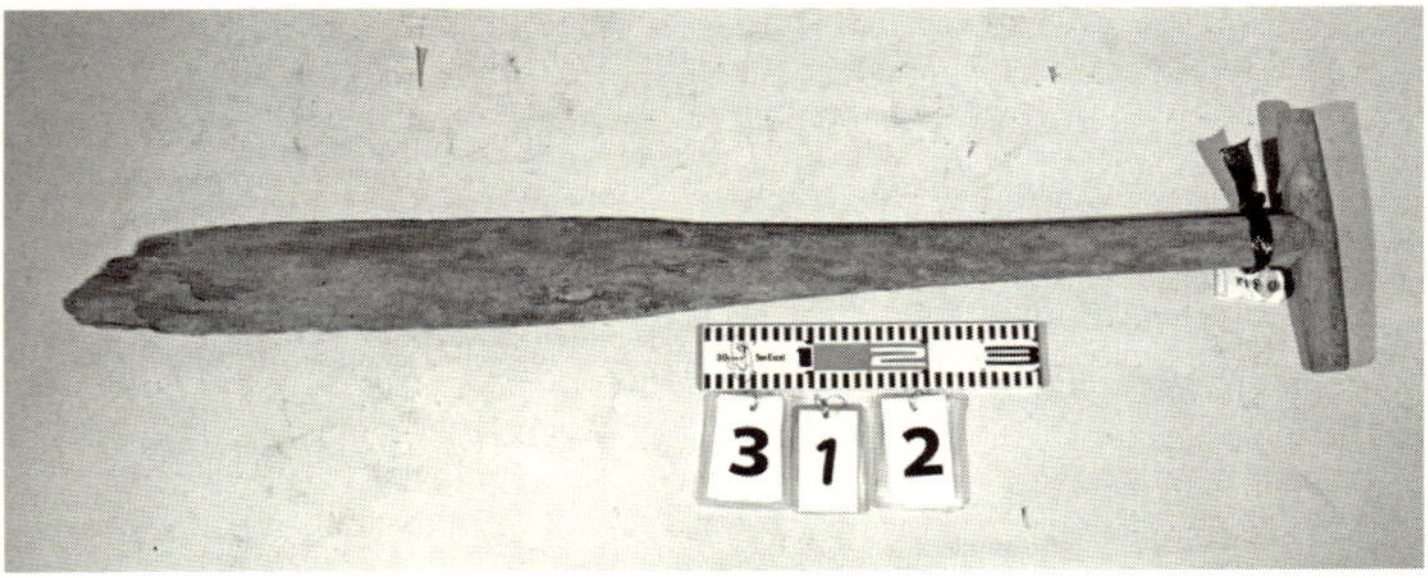

櫂《かい》

これは櫂だな。漕ぐのは案外難しくてコツがいるんだ。海には波があるから、まっすぐ進むのも意外と難しい。櫂の扱いに慣れ、自分の進みたい方向に漕ぐことができるようになるまでは一苦労。船で長い距離を移動しては、カキやワカメの手入れやなんかしたな。金華山沖を一周したこともあったっけな。そうすると豊漁になるってね。でも実際には櫂を一人前に使えるかどうかのテストだったんだろうな。金華山には、イワシを七つ海に供えると大漁になるって言ったもんだ。海難事故を逃れたいという願いの方が強かったんじゃないかな。海ではこれまでたくさんの人が命を落としてきたから。

（九〇代男性）

写真：石巻市教育委員会所蔵

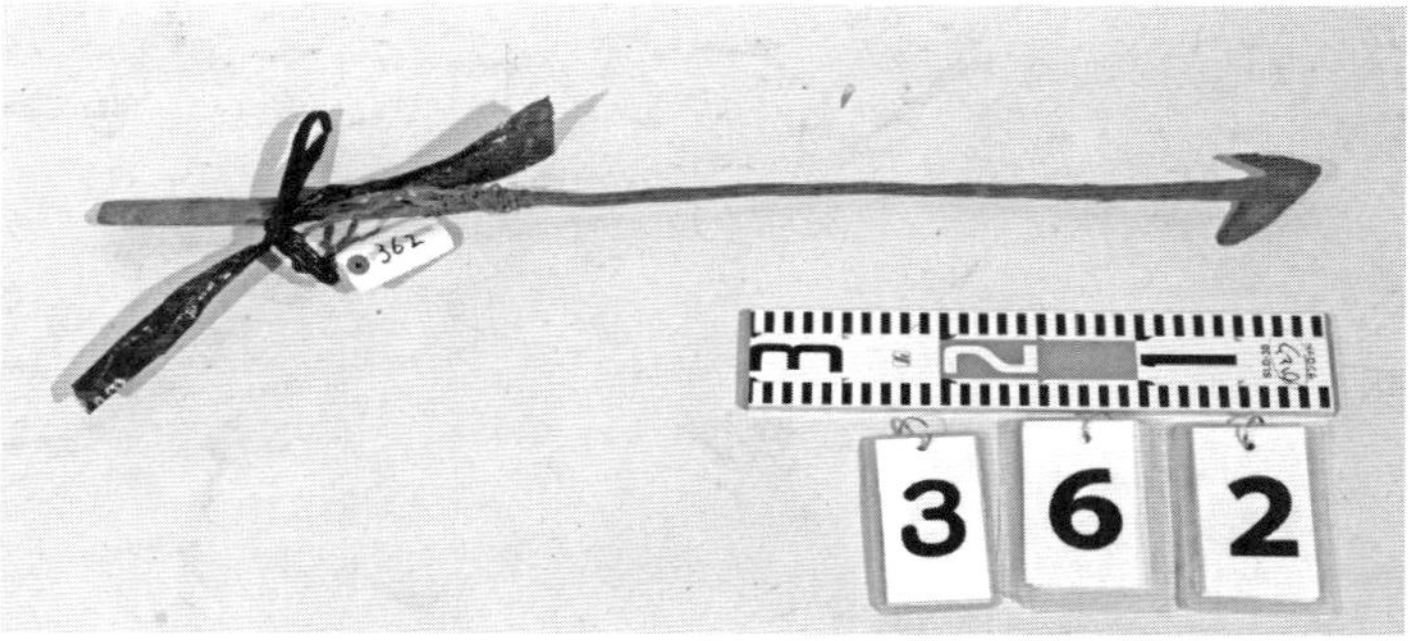

銛《もり》

おれはずっと漁師をしてきたんだ。震災でやめちゃったけどね。これはクジラの銛ではなくてね、マンボウをとる銛なんだよ。マンボウ漁を目的にしていたのではなくてね、漁のときに偶然マンボウがプカプカ泳いでいるのを見つけることがあんだね。そのときにこの銛で突いてとってくる。みんなで分けて、思わぬごちそうという感じで喜ばれたものだよ。だから、毎日使わなくても船には乗っけておくんだこの銛は。一番おいしいのは刺身。あの割けるチーズってあるでしょう。それみたいに手で割きながらワサビ醤油をつけて食べるんだ。

（七〇代男性）

写真：石巻市教育委員会所蔵

梶《かじ》

昔の木造船は、絶対にメンテナンスが必要なんだよ。虫が船に穴を開けるからね。ミミズみたいな細い虫が顔を出している時もあるんだ。小型の船だったら陸へ上げて、裏返しにして火であぶった後に、コールタールを塗って虫を退治した。これしないと穴が空くし、木がだんだんやせてきて長持ちしない。石巻には、洋船の造船所が明治時代からあったから、むかしから海の風景はハイカラだったんだよ。

（七〇代男性）

写真：石巻市教育委員会所蔵

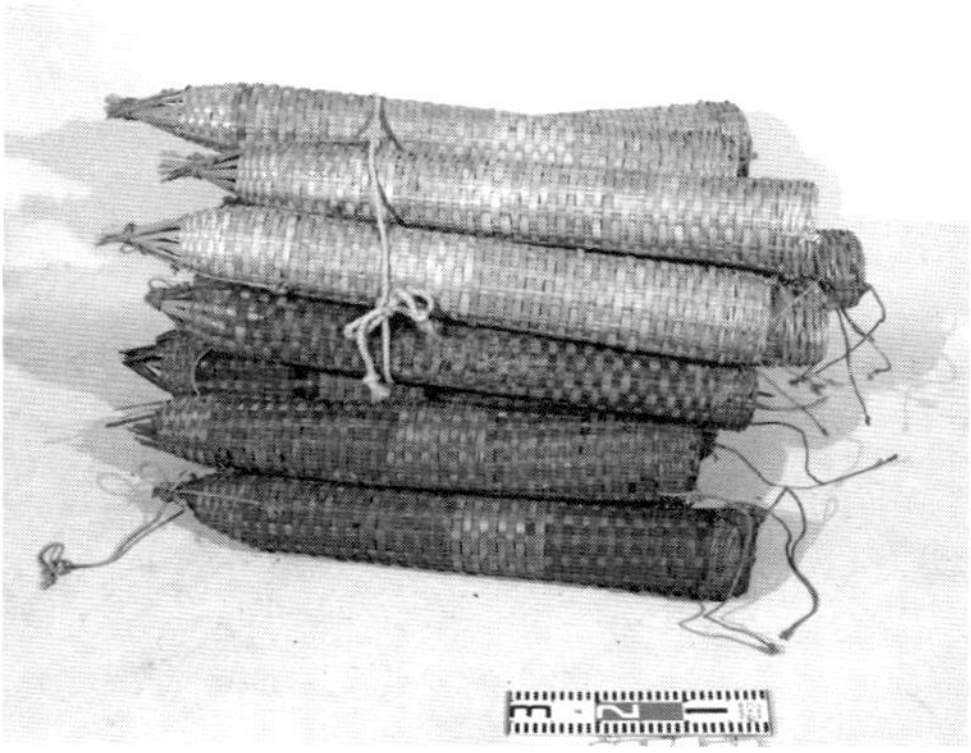

筌《うけ》

これはハモドだね。表浜ではアナゴ漁が盛んで、アナゴを〝ハモ〟って呼ぶの。私の家でも両親がハモドをはえ縄のように連ねて海に沈めて漁をしていました。イワシやサバをすりつぶしたのを入れて夜中に父が海へ入れてね。いったん家に帰って数時間したら引き上げにまた海へ行くんです。いかにいい場所を確保するかが重要だったみたいですね。とれた〝ハモ〟は、築地に出荷してたそうです。私も、子どもの頃にハモドにエサを入れる作業を手伝わされたんですけど、これがイヤでイヤでしかたなかったです。せっかくの休みの日に遊べなくなっちゃいますから。手も臭くなるし。でも父親が〝仕事をすると言ったらする〟っていう厳格な家庭だったから、しょうがなくやってました。それにしてもイヤだったねえ。

（四〇代女性）

写真：石巻市教育委員会所蔵

筌《うけ》

小渕浜ではこのドでハモをとるの。ハモは大きなアナゴ、小さいのをアナゴって呼んでたね。一本に三、四匹ぐらい入るかな。昼の二時ぐらいに出て、夕方に仕掛けて、二、三時間待って夜に回収する。一回に二〇〇～三〇〇本ぐらいドを持っていくんだ。先端のところのひもをほどくとハモを出せるんだよ。とったハモは築地市場に直接持っていく。沖買いする船が待っててね。だから、地元では大してアナゴを食べてこなかった。古い時代は、保存できないから干して出汁にするような使い方しかしなかったんじゃないかな。

（七〇代男性）

写真：石巻市教育委員会所蔵

生簀《いけす》

私の家の御先祖様はね、その昔、岩出山の方で竹を植えて竹林を作ったのよ。品種は孟宗竹で、これを刈り取って竹細工をこしらえていたの。この竹のいけすみたいにね。戦がない間、武士はやる事が無いでしょう？　だから竹細工を作っては売って、内職をしていたって聞いた。竹は硬いから男性じゃないと加工が難しいのよ。そうして売りに来た牡鹿半島に、住み着いて、定期的に職人を招いて漁で使うものを作らせた。この洋ナシみたいなでっかい籠は、生簀として海に浮かべて使ったんじゃない？

（六〇代女性）

写真：石巻市教育委員会所蔵

金華山《きんかさん》の祈祷札《きとうふだ》

こういう大きな祈祷札を受けてくるのは、相当な金持ちだね。明治の頃のものだから、大謀網《だいぼうあみ》を誘致するような地主クラスだろうね。大謀網っていうのは超大型の定置網で、金華山沖に何キロも伸ばして設置する。土木工事にも通ずるような特殊技術で、地元でできる漁業ではないんだ。「技術は常にナンブから」っていうんだけど、大謀網も特殊技能を持ったナンブシュウ（南部衆）という四〇人ほどの集団を地主が誘致してね、テンヤと呼ぶ寄宿舎に寝泊まりしてもらいながら漁業をやってもらうわけ。ダイボウの指揮のもと、現場監督であるトモス、これは艪《ろ》を扱う人という意味、労働者はアミト（網人）といって、地元の人もたくさん雇ってもらう。大謀網は億単位の稼ぎを出すから、地元に雇用を作り出してくれたんだ。今ではインドネシアからの漁業研修生が活躍してるのは知ってるよね。

（四〇代男性）

写真：石巻市教育委員会所蔵

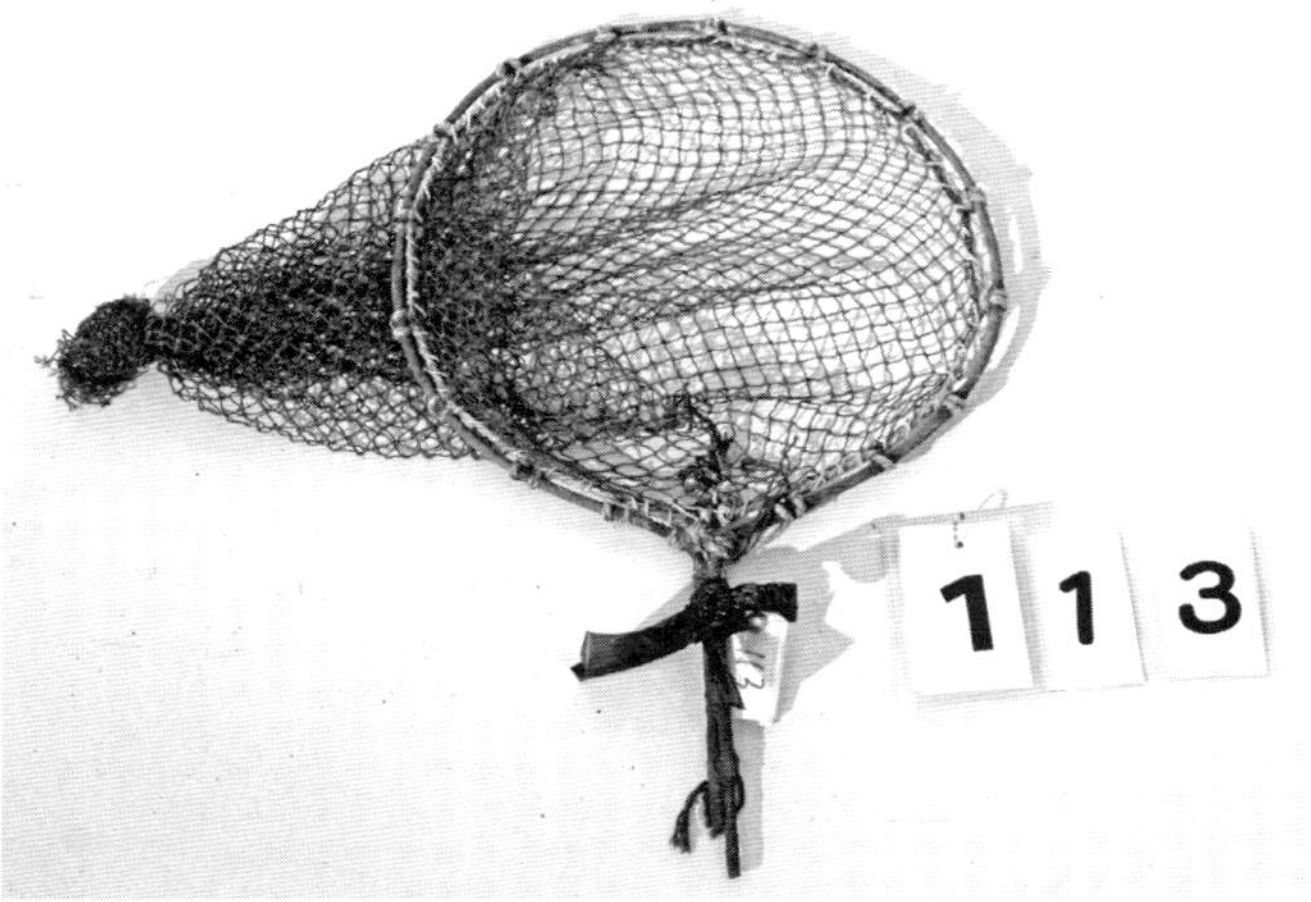

玉網《たも》

網でとった魚は、このタモですくいとって船の生簀に移すんだけどね、これがスグレモノなわけ。何たって、底抜けのタモなんだから。使う時は、右手に柄をもって、左手でタモの抜けた底の部分をギュッと束ねてもつ。そのまま魚をすくって、生簀で左手の網をパッとはなす。すると底抜けの部分から魚がバラバラ落ちる。底抜けのタモは、とても効率よく魚をうつすことができるんだ。魚は鮮度が命だし、網に少しでもひっかかるとキズものになるからね。

（五〇代男性）

写真：石巻市教育委員会所蔵

バーナー

これは何だかわかる？　昔よく使ったなぁ。焼玉エンジンっていうのがあって、その焼玉っていう鉄の部品を温めるのに使っていたんだよ。今で言うガスバーナーのようなものだな。一〇分くらいエンジンを熱して、熱くなったらエンジンに一気に油を送るんだ。それでピストンが動いてエンジンがつくんだ。俺たちはボールランプって呼んでいたな。燃料は重油を使っていたよ。手こぎからこの焼玉エンジンに代わって、漁業もやれることが増えていったわけ。わたしは女だけどね、船の免許を持ってたの。渡し船で働いていたこともあったからね。鮎川では女の船乗りっていうのは、確かに珍しかったけどでも何人かいたわね。（七〇代女性）

写真：石巻市教育委員会所蔵

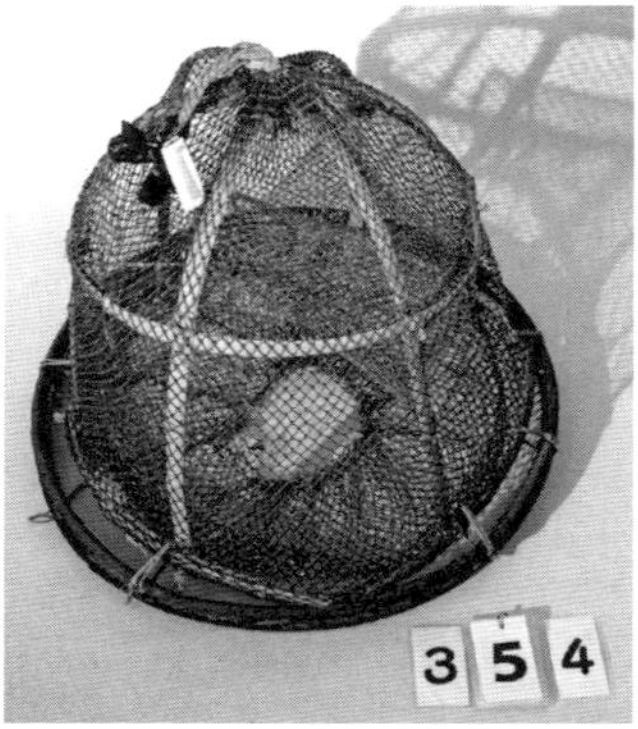

カニ筌《うけ》

磯に張り付いてる魚がいるでしょう。ネウ（根魚）っていうんだけど。これはね、素人でも頑張ればとれるような、取りやすい場所が湾内に何ヶ所かある。でもね、おれはそんなところでは取らないよ。魚を捕るにも楽しみがないとね。あえて、難しいところ、魚の方が有利な条件の漁場へ行って挑戦するんだ。震災後に仕事としてやらなくなったような漁業も、いくらかは漁師さんたちの余技というか、一部は残っているんだよね。日曜日とかに。海をよく知ってないとできないからおもしろいんだ。今の人は、とくに震災のあとは若い人はいろいろ仕事はあっていいけど、やっぱり海の仕事は愉しみや競い合うようなところがないとね。儲かるだけでは、その仕事続かないよ。まぁ、おれも同級生たちも、浜にあるいろんな仕事を転々としてきたから人のことは言えないけどね。

（七〇代男性）

写真：石巻市教育委員会所蔵

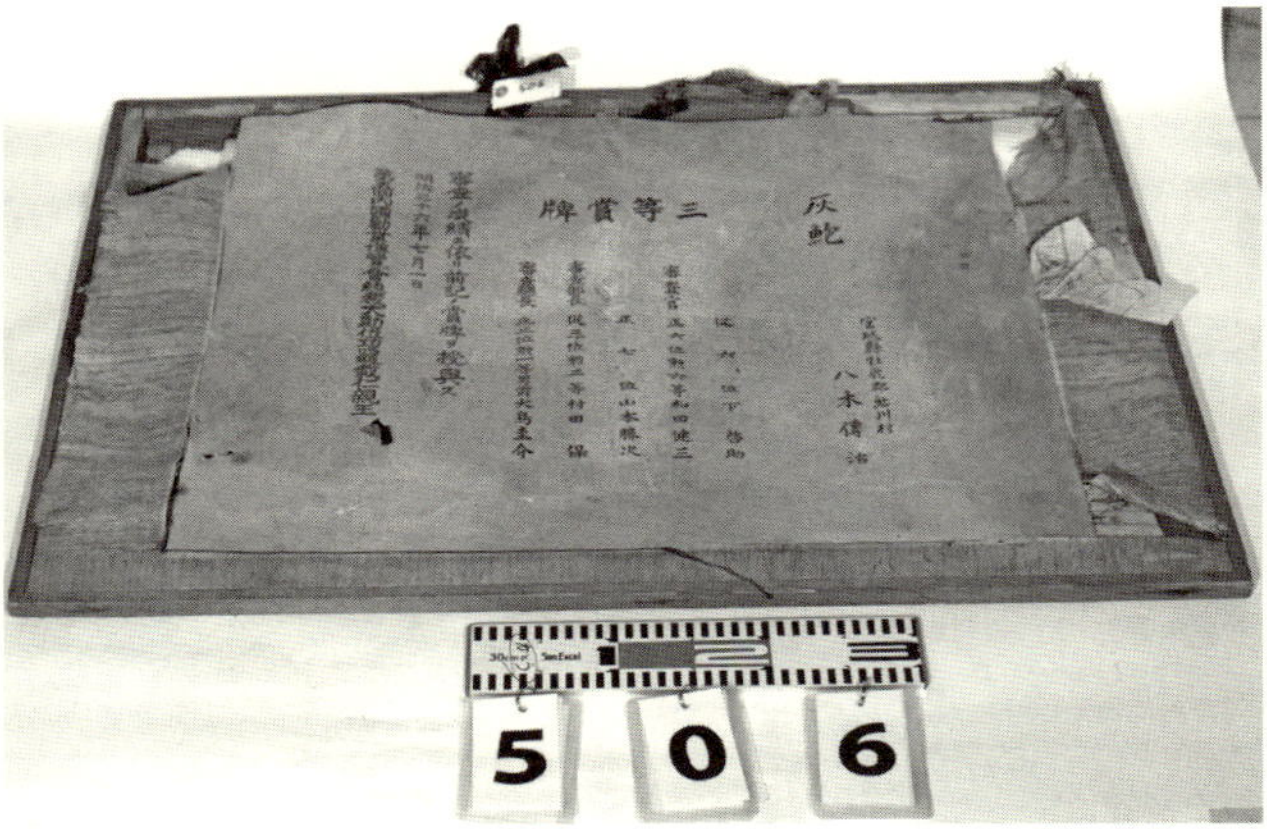

賞状

ここに書いてある灰鮑は戦前の主力商品だったもので、干してカビ付けして、一番カビが発生した後に表面のアオカビを払い落としたあと、二番かびを付けて干したアワビの保存食です。牡鹿ではね、南三陸なんかと違って、あんまり観光とか地元で消費してもらうことなんて考えてこなかった。海のものはね、商品だよ。とった魚はそのまま築地や海外に持っていく。わしらが食ってるのは磯根でこちょこちょとったものだよ。でも、それがいちばんおいしいんだけどね。

（七〇代男性）

写真：石巻市教育委員会所蔵

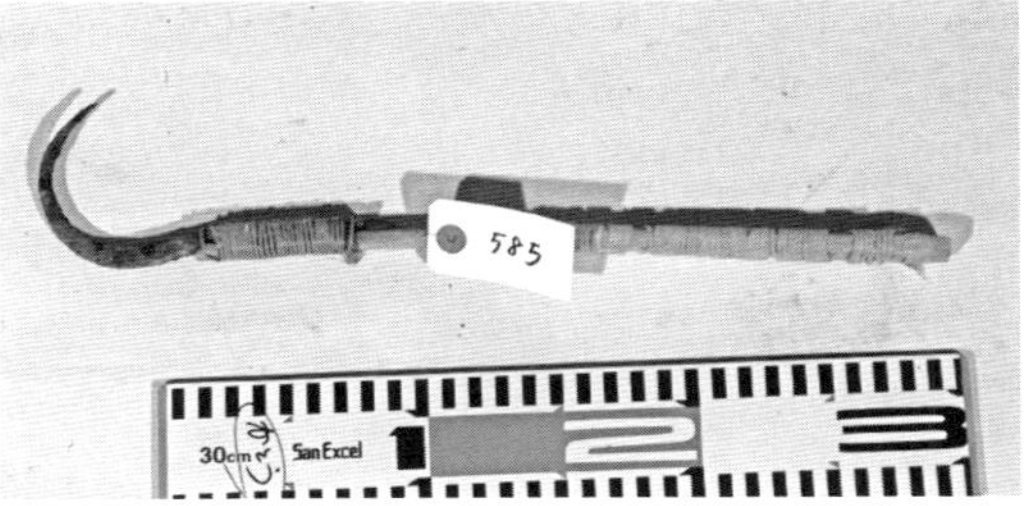

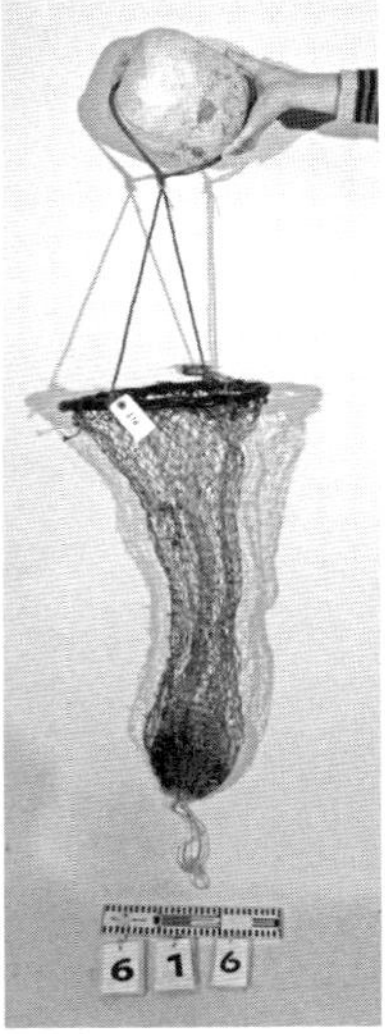

アワビ鉤《かぎ》と網《あみ》

磯根でいろいろとる仕事は、牡鹿半島でも地形が複雑な裏浜のほうが盛んだね。これはアワビ鉤といって、棹の先につけて箱眼鏡で海のなかをのぞいてひっかけてとる。権利さえあれば、磯でいろんなものをひろって食っていけるのさ。磯でいろいろとって、少し儲けたらイサバ（五十集）をやるのさ。みんながとったものを女川やら石巻やらへ持って行って売る。もっと儲けたら店をやるような事業を起こしたり、船を買って漁業をやったり、そうしてのし上がっていって失敗する人も出てくるでしょう。そうしたらまた磯からやり直すのさ。磯でとれるのは、アワビ、ウニのほか、アイナメ・カレイ・スエ・アイ・ボッケなどの根魚、カニ、フノリ、ヒジキ、ワカメ、テングサ。磯には金が落ちてるようなものだから、それを拾うところから再出発。震災でなーんにも無くしても、おれは何とかなると確信してたんだ。でもいろいろ、大変だったけどね。

（六〇代男性）

写真：石巻市教育委員会所蔵

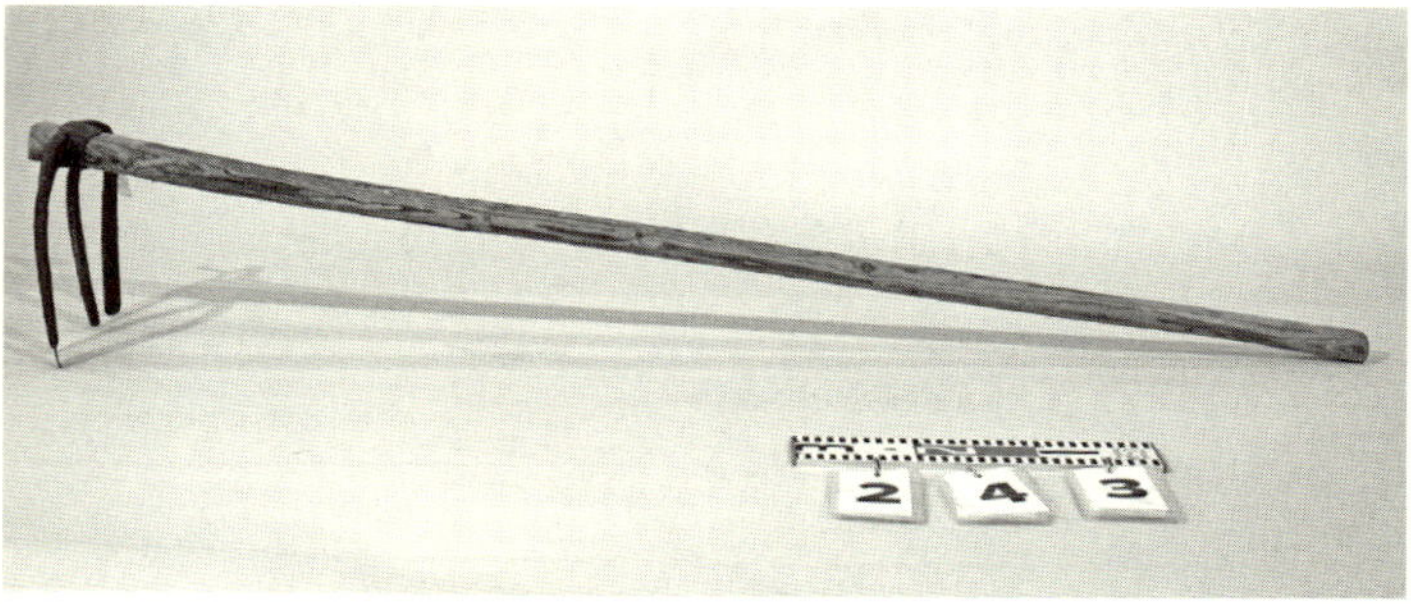

鍬《くわ》

写真：石巻市教育委員会所蔵

農の風景のエピソード

　戦前から、鮎川の裏山はてっぺんまで畑が広がってた。鮎川の当時の写真でもそうみえるね。これね、食糧難で開墾したんじゃないよ。地元の人はね地主から土地を借りて畑をして、それをマルハ（大洋漁業）の事業所に持っていって買ってもらうの。捕鯨の事業所では、たくさんの若い男たちが毎日汗水たらして働いているから、食材はいくらあっても足りないぐらい。

　ふつうは市場とのつながりがあるとか、仲買いが頻繁に買いに来るとか、そういうことがないと畑作ではもうからないけど、鮎川の場合は大口の販売先として捕鯨会社があったから、こういう素朴な農業でも食っていけたのかな。

（八〇代男性）

背負籠《しょいかご》

これは山で草を刈ってくるときに背負う籠ですね。既《きゅう》舎《しゃ》に入れて堆肥《たいひ》を作るの。堆肥ってわかる? ところで、鮎川のにおいっていうのがあるのね。それはクジラの部位や骨なんかを肥料にするために干している腐ったにおい。隣の十八成浜から峠を越えて坂を下りてくると、パッと鮎川の町が開けて見えるの。それと同時にモワッとこのにおいがくるから、地元の人は慣れっこだけど他所から来た人は辟易してました。でもね、これを〝金のにおい〟って呼ぶような冗談もあったね。とにかくクジラで栄えてきた町だから。慣れっこって言えばね、小さい子供なんかは、鮎川の港の端っこの方で夏は泳いだんだけど、クジラの血やら内臓やらぷかぷかしてても、ぜんぜん気にしなかったもんね。

（六〇代女性）

写真：石巻市教育委員会所蔵

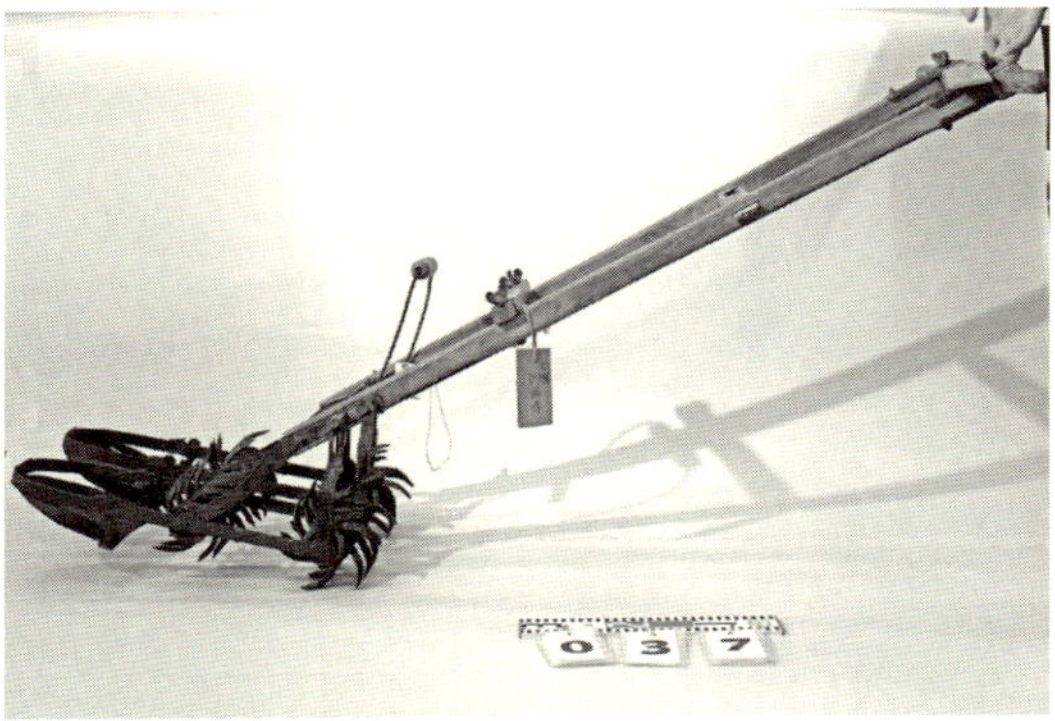

写真：石巻市教育委員会所蔵

除草機

うちは田んぼがあったから、この除草機も使っていたよ。この道具は親はタブチって呼んでたかな。田植えは、みんな腰を曲げて一列でやっていたね。六人くらいで並んで一気に田植え作業をしていたのよ。一緒に作業をしている人全員が家族だったわけでなく、近所の人も手伝ってくれていたね。こういう時はご飯とかも分け合ってね、今よりも人とのつながりが深かったね。列に植えたら、この除草機が使えるわけ。土をかき混ぜて除草するんだよ。暑いときの仕事でね、バッタが飛んできて嫌だったね。昔は田んぼでかくれんぼもしたし、冬は池でスケートもしたの。スケートのときに使った靴は、普通の靴だったけれど、それでも充分滑ることができたね。よく滑るように、ビンの蓋を靴底に貼ってた子もいたね。昔は今と違ってお金がかからない遊びがたくさんあったねえ。

（六〇代女性）

千歯扱《せんばこ》き

これはよく農家で使っていたのを見た事があるよ。でも、わたしは仙台平野の出身だけど、子供の頃は稲刈りよりもイナゴ捕りをしていた事の方が記憶に残っているかな。イナゴ捕りは学校の一大イベントで全校総出でイナゴ捕りの日があったんだよ。みんなで捕ってきたイナゴは学校が集めて業者に卸していたな。それで儲けたお金で学校の備品、例えばボールとかを買っていたんじゃないかな。イナゴ捕りは、運動会や卒業式みたいに、学校の行事の定番だったんだ。

（四〇代女性）

写真：石巻市教育委員会所蔵

催青箱《さいせいばこ》

これは蚕を育てる箱かな？　昔、戦争のときにね、勤労奉仕ってわかるかな？　それでね、近所の養蚕農家のところで仕事をしてから学校に行ったんだ。午前中は勤労奉仕、午後からは学校っていうことが多かったかな。えっ、辛くなかったのかって？　近所のお友達五〜六人とおしゃべりしながら仕事をしていたからあっという間だったし楽しかった。戦争中、牡鹿の人は、干した海産物を古川とか内陸の方へもっていって、米と換えてもらった。海でとれるものは、流通が難しくてかえって地元で食べることができた。牡鹿半島ではね、食べることにはまったく困らないからって、たくさんの人が疎開してきたし、里子の受け入れも本当に多かった。海の仕事は労働力が必要だから、里子も積極的に受け入れてきたのね。うちの親族にも里子のひとは複数います。

（六〇代男性）

写真：石巻市教育委員会所蔵

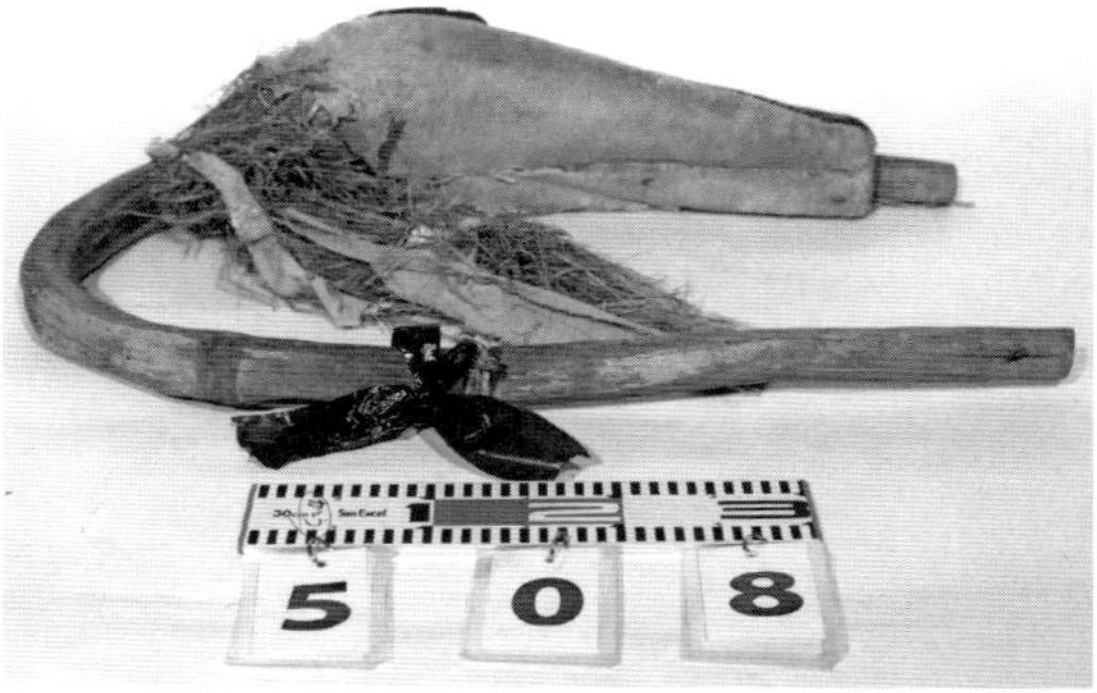

馬の首木《くびき》

私の若いころは金持ちは馬を飼ってて、ほかはほとんど牛。農業用で飼っていたんだよ。昔は、人間が具合いが悪くなってもお金がなくて医者にはかかれなかったから、家族が病気になったら神様にお祈りしたり、薬草飲んだりして…。昔は、家の近所で人力車とかに乗って医者が来たってなると、大人たちは葬式の準備を始めるんだ。死亡診断書を書いてもらうために呼ぶんだから。でもな、馬が風邪をひくと獣医師を呼ぶんだよ。医者を呼んでこーんなに太い注射をしてもらうんだ。人間様は診てもらえないのに、皮肉なもんだよなぁ。（八〇代男性）

写真：石巻市教育委員会所蔵

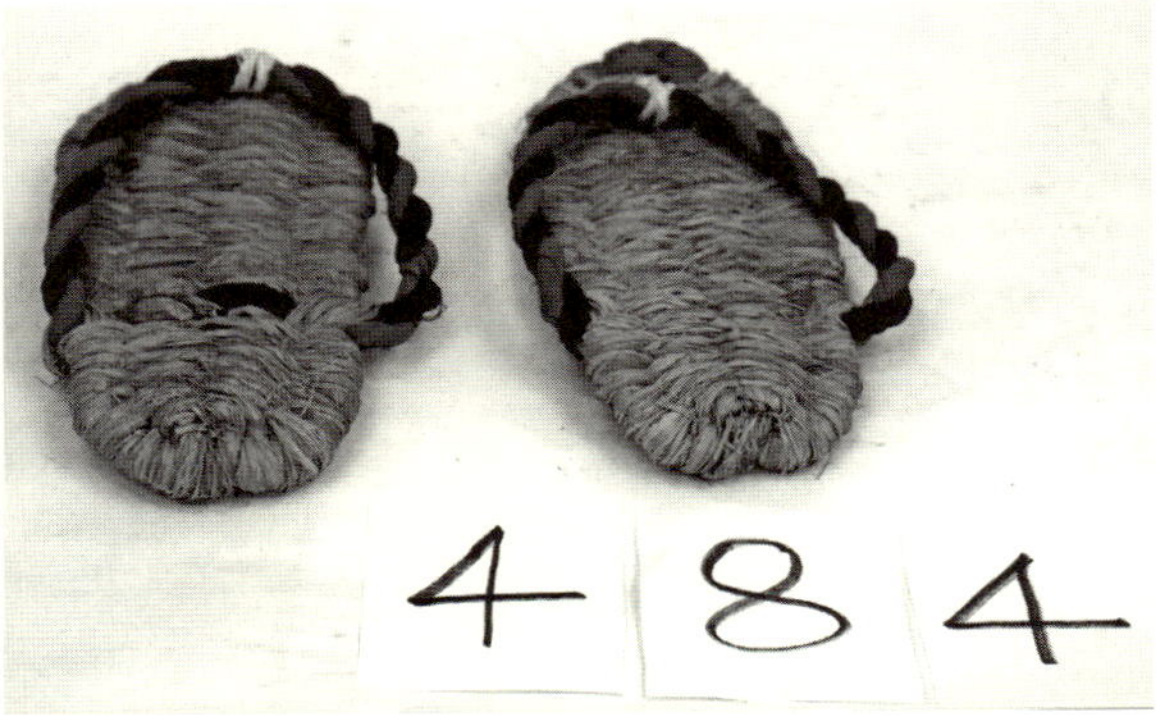

藁草履《わらぞうり》

これは藁草履だね、昔は家族総出、全部手作業で作ってたんだ。それを農作業なんかの時に履いたの。うちは売るためではなくて自分で履くためだけに作ってたね。今は草鞋なんて誰も履いていないけど、昔はみんな履いていたし、子供も草鞋を作っていたんだよ。うちは学校行くのに峠を越えたから、すぐダメにしちゃう。編み込んである布、これは長持ちさせるためにこうしているの。ボロも大切だったんだよ。その兄弟は捕鯨船に乗ったり、遠洋漁業に出たり、大学を出て仙台で会社をやったりして、わりと若い頃に家を出て行った。結果的に体の弱かった弟が家をついで兼業農家をやってます。末っ子は可愛いので、親もそれで良かったのかもしれませんね。

（六〇代女性）

写真：石巻市教育委員会所蔵

回転式脱穀機《かいてんしきだっこくき》

わたしの実家は大原村の農家だったんだけど、脱穀機は家にあったわねえ。これ使うとさ、もみ殻とホコリがぶわーっと飛んじゃうんだよ。だから首にタオルとか巻かないと背中にもみ殻が入るもんだからかゆくてかゆくてたまらなくなる。よくしゃみも出るもんだから口にもタオルを巻いてたのよ。マスクなんて便利なものがあれば良かったんだけどねえ。昔の人は頭や顔にいろいろ巻いていたでしょう。何にでも理由があるのよね。女の人のほっかむりも、それぞれこだわりがあってね。わたしのおばあさんなんか、手ぬぐいを無造作にパッとかぶるように見えて、実は模様がどう出るかとか気にしてるの。それでピタッと体になじむようにつける。身なりがだらしないと仕事もだらしなくなるって、よく言ってたのを思い出したわ。

（六〇代女性）

写真：石巻市教育委員会所蔵

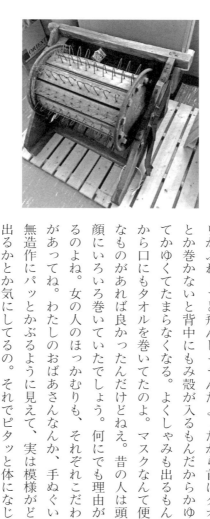

藁櫃《わらびつ》

一家で農家を営む家では、家族総出で田んぼをやっていたから、生まれたばかりの赤ん坊を抱えたお母さんはとても大変でした。せめて自分の目の届く場所にいるようにと、田んぼのあぜ道に〝いつこ〟を置いて、その中に赤ん坊を入れて世話していたものです。ご飯を入れる〝いつこ〟と、赤ん坊を入れる〝いつこ〟は別々に作っているところもあったけど、うちのところは併用していた記憶があるわ。このいつこは中くらいの大きさね。多分本当に生まれたての乳呑児を入れる大きさじゃないかしら。これよりもう一回り大きい物も見たことがあるけれど、あれは三歳ぐらいの子を入れる〝いつこ〟だったわねぇ。でもね、赤ん坊はおしっこするでしょう。赤ん坊が大きくなるとまたご飯のお櫃に使うの。おしっこ臭くても気にしないのね。昔はおおらかだったわね。

（六〇代女性）

写真：石巻市教育委員会所蔵

唐箕《とうみ》

昔は、一家に一台は唐箕があったといってもいいくらいだから、需要はそれなりにあったみたいよ。それにね、唐箕の大工は、家を建てる大工や指物師《さしものし》とは違う技術でね、本当に唐箕作りとアフターケアだけで食べていってたのね。実家では、父を含めた三世代でこれを専門的に作っていてね、よくいろんな集落に出張していたのを覚えているわ。私が小学校に入るくらいの頃だったかしら。ある集落に行ったら、その集落のなかで農家を一軒一軒回って、それが終わったら次の集落に移って。そうそう、石巻や北上のほうへ出張するときは、自転車で行っていたのよ。荷台に唐箕を乗せて、それを自転車で引くの。自分の体にも唐箕をくくりつけて。遠くから見ると、唐箕が自転車に乗ってるみたいでね。唐箕は見た目より軽いけど、大したもんよね。（六〇代女性）

写真：石巻市教育委員会所蔵

鋸鎌《のこぎりがま》

これは鋸鎌だから、草取りでなく稲刈りに使う鎌だね。腰をかがめて大変だった。親戚の田んぼの手伝いにも行ったよ。手伝いでは、おやつが出るぐらいでお金をもらえるわけではないの。お互い様だから。お金をもらって農業するのはテマドリっていうんだけど、牡鹿では手広く農業をやっている人は少ないから、だいたい手伝いで何とかしてたと思う。農業はお金をもらえないから、なんていうか村の仕事って感じね。でもね、女の人はカキの殻剥きとか、ワカメの種付けとか、季節ごとに雇われ仕事があるの。これは結構な稼ぎになるんだけど、そういうのは女の財布に入るわけ。家計とは別なんだから。それで贅沢するわけではないけど、少しは自分の好きなものも買った。大原村でも、未亡人の人で子どもを学校にやった人もいたし、里子で来た人も独立してそれなりにやって行けたのは、女に仕事があったからじゃないかしら。

（七〇代女性）

写真：石巻市教育委員会所蔵

浜のくらしとにぎわいのエピソード

捕鯨会社の看板

鮎川にはね、捕鯨会社がたくさんあった。時期によっていろいろで、合併を繰り返すからややこしいんだけど、大まかにいえばマルハ、極洋、日水。そこに関連産業の工場やら事務所やらがぶら下がってるから、たくさん若い兄ちゃんが鮎川にはいたわけさ。長島や王選手の時代はね、男が集まって、何か体を動かそうってなれば野球なわけ。誰もが一度は野球選手になりたいと思った時代だよ。それでね、捕鯨会社の事業所ごとに野球チームができて、そこに役場のチームとかも加わって盛り上がってた。大げさにいえば、鮎川浜ひとつのなかに実業団リーグがあるようなもんで、休みのたびに試合をしてた。特に鯨まつりのときの大会は盛り上がったもんだね。チーム名も大鯨クラブとか、ユニフォームもかっこよかったね。選抜チームのオール鮎川が、遠征することもあったよ。

（六〇代男性）

写真：石巻市教育委員会所蔵

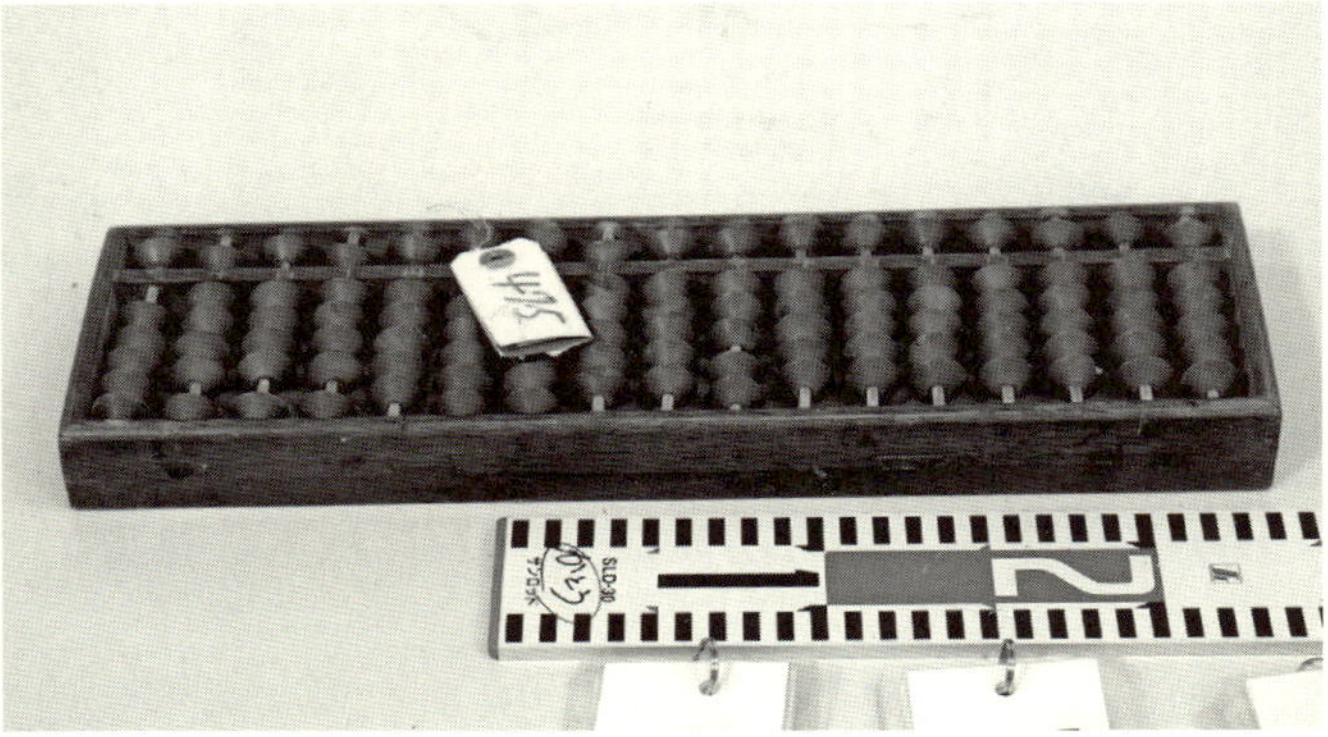

算盤《そろばん》

こういった「そろばん」は、客船でおじいさん（旦那さん）が使っていたわね。お客さんからもらう木賃代や船頭さんたちのお給料の計算をしていたみたいね。客船は一日一往復で、朝にお客さんを乗せて鮎川港出て石巻港に向かうの。途中、何ヶ所かに寄りながらね。船には乗組員が三〜四人が乗っていて、石巻でお客さんを降ろしたあとは、用足しをしに行くの。そして夕方になると船に戻ってきてお客さんを乗せてまた鮎川に戻るのよ。他にも畑とか肥料作りをやっていたから、多いときは二〇人くらいの人夫を雇っていたのよ。みなさんとは同じ家で一緒にご飯を食べていたのよ。そのご飯炊きが私の仕事だったわね。懐かしいわ。

（一〇〇代女性）

写真：石巻市教育委員会所蔵

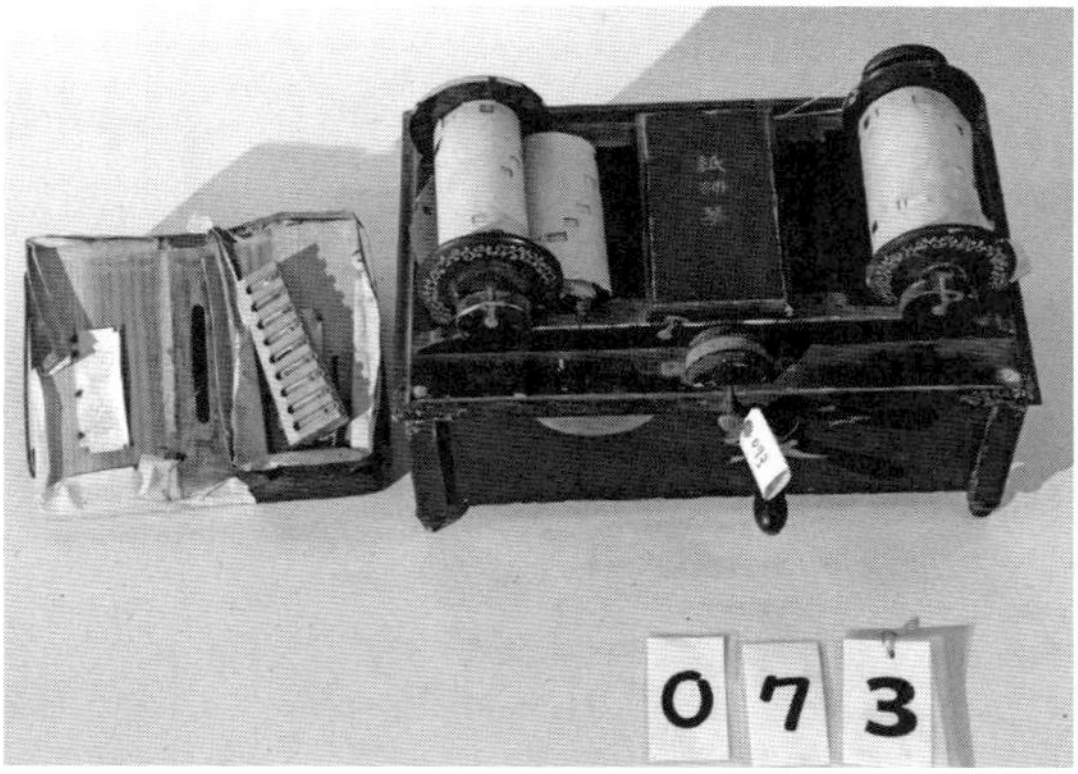

自動演奏オルガン

こんなハイカラなものが昔の鮎川にはあったんだね。お金持ちが多かったしね。町全体も華やかさがあって、特に女の人が元気だった。昭和三〇年ごろの鯨まつりではね、各地区の婦人会で競って仮装行列をしたの。地区っていうのは鮎川浜のなかに、南町、西町、金山とか分かれててそれごとの地区。仮装はそのときのいろいろなテーマで、赤穂浪士とか捕鯨船とか、なかには南国の踊りって身体じゅう茶色く塗って踊るようなものもあったね。でもね、バカにしてるんじゃないよ。南氷洋の捕鯨船に乗った人がいろいろお土産を買ってくるから、南太平洋の島ってちょっと憧れがあったと思う。みんなで同じことを目指せたいい時代だったのかもね。

（九〇代女性）

写真：石巻市教育委員会所蔵

消防ポンプ車

展覧会の様子をニュースでみてびっくり。この消防車が映って「あ、これおれが持って行ったやつだ」ってわかって、すぐに来たんだ。ぼくは、仙台の会社でこういう荷車の製造をやっていたんだが、牡鹿半島はほら、漁村で道が狭くて坂が多いでしょう。さらに、集落がひとつひとつ形がちがう。だから、地元の消防団の要望をきいてね、ひとつひとつカスタマイズして消防ポンプを作るわけ。これは、大原村って書いてあるね。そのとき相談した地元の人の顔まで思い出すね。こんなところで自分が営業して売った商品と再会できるとおもわなかったよ。そういえば、鮎川浜の沖にある網地島《あじしま》は遠洋漁業で男たちがみんな船に乗っていたでしょう。だから、女の消防団があってね、女の人が使えるようにっていろんな要望を受けて苦労したなあ。浜ではどこも女の人がたくましく生きてたよね。

（六〇代男性）

写真：石巻市教育委員会所蔵

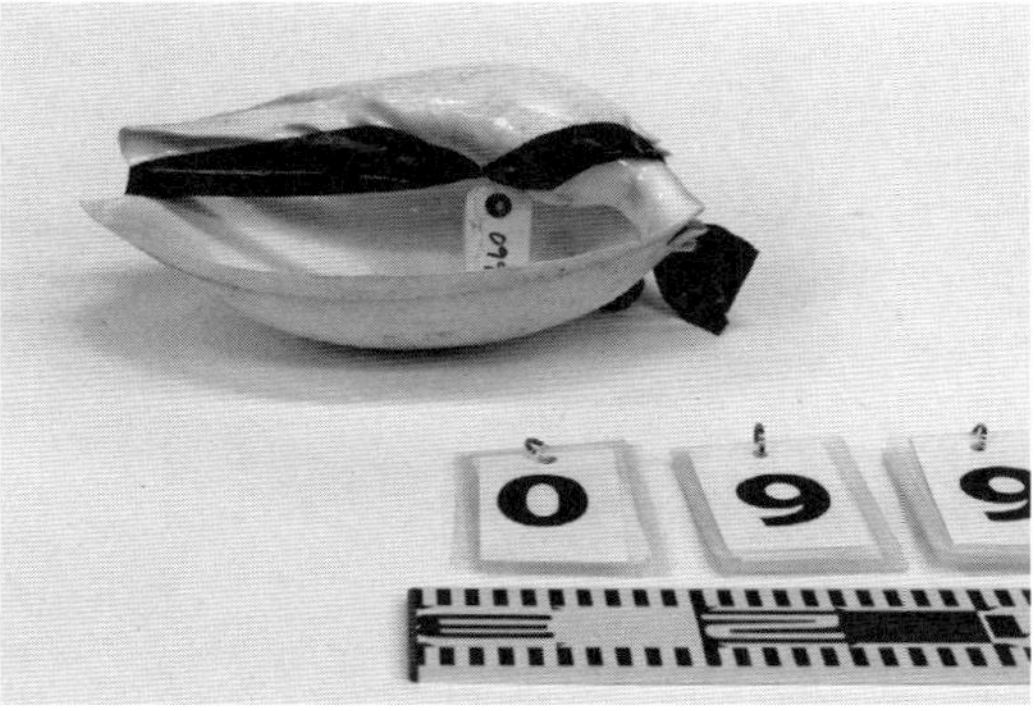

巻貝の貝殻

私はボランティアとして鮎川に来て、そのまま住み着いています。震災当時、野良ネコが極楽鳥のはく製をくわえて走っていました。びっくりして地元の人に聞いたら、南氷洋に行く捕鯨船の寄港地で土産物として買ってきたものらしい。捕鯨船に乗った証として、大切にされてきたんだろうけど、津波で流されてしまったのだろう。瓦礫のなかでもでっかい巻貝の貝殻とか、サンゴの飾り物なんかもたくさん落ちていて、これもそうしたわが家の宝物の一種だったと聞きました。ほかにも、クジラのヒゲで作った置物や、クジラの陰茎を乾燥したものや、骨で作った刀とか、マッコウクジラの歯の工芸品やら、クジラの町ならではのものでしょうね。

（四〇代男性）

写真：石巻市教育委員会所蔵

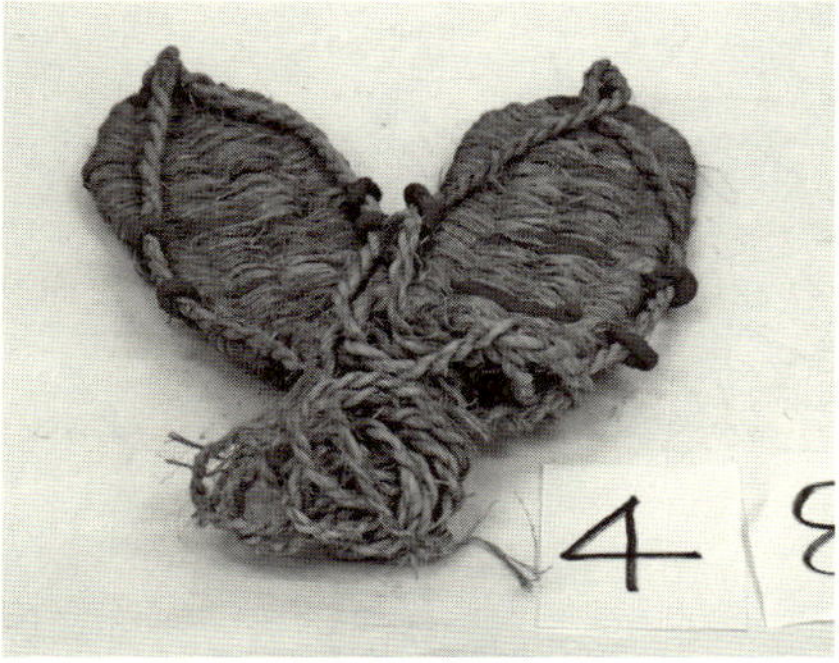

草鞋《わらじ》

草鞋は親やおばあさんが日常的に作っていました。学校行くのに履きつぶしてしまうので。ところで、鮎川ではワラジヌギバ（草鞋脱ぎ場）っていう言葉があります。これは他所から捕鯨とかの関係で働きに来る人が家族を連れてくるでしょう。でも見ず知らずの人はすぐに地域のくらしになじめないから、少し余裕のある家が面倒をみてあげて、くらしを支えてあげるのね。その面倒を見る家がワラジヌギバ。その家との関係は、シンセキとして長く続いていくの。今でも誰かのお葬式があるときなんかに、親族に近いところに座っている人が「うちのワラジヌギバだから世話になってね」なんて説明したりすると、「あ〜、そうなの」って割りと当たり前という感じになる。いつから始まったことかしらないけど、仕事があって人が集まる町の、いい仕組みね。

（八〇代女性）

写真：石巻市教育委員会所蔵

横槌《よこづち》

わたしの子どもの頃のニックネームは、マックロッツボウ。藁打ちの横槌を鮎川浜ではツツボウと言います。ただ鮎川浜では、この横槌を使って鯨肉を打って軟らかくするんです。だから血がついて真っ黒になっているんですね。わたし生まれたころから色黒だから、ついたあだ名がマックロッツボウ。この民具も黒ずんでいるから、肉を打ったんじゃないでしょうか。

（四〇代男性）

写真：石巻市教育委員会所蔵

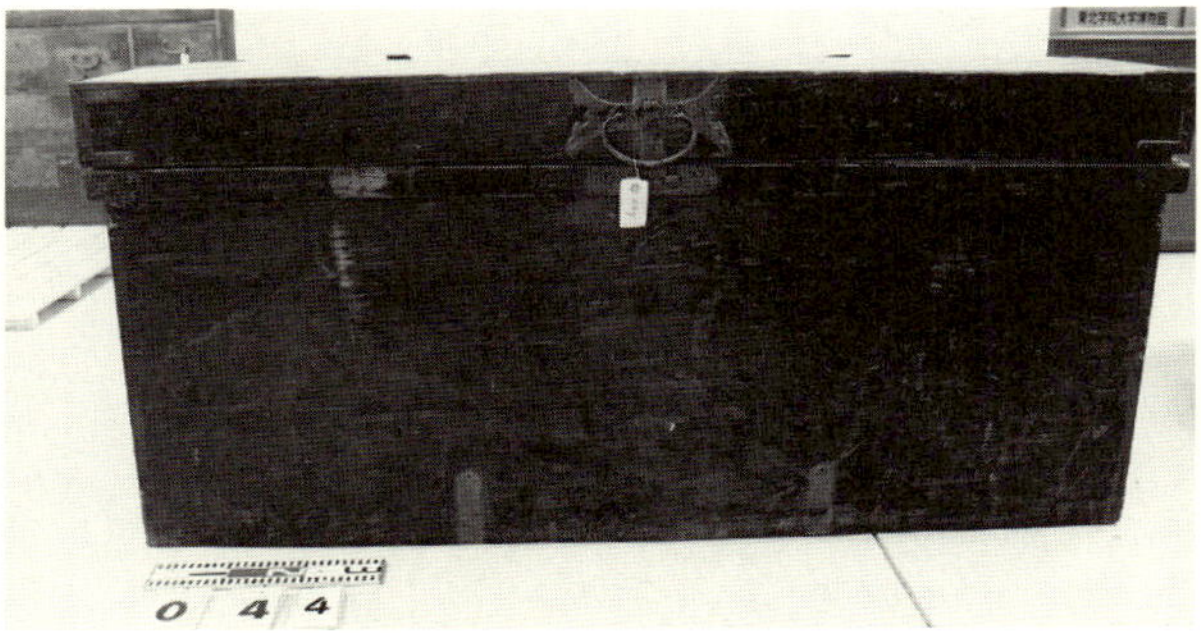

長持《ながもち》

この長持、底抜けなのは津波で壊れたの？　これは長持といって普段は衣服などを入れておくんだけど、これが一番活躍するのは嫁入り道具として使われる時。お金持ちの家はたくさんの物を持って行けるから、長持の数はその家の裕福さをあらわしていたんだよ。多い家だと三つも持たせて嫁がせていたなぁ。あと大きさもポイントだね。我が家の方が大きいな、なんてひそかに比べたりしたものだよ。そういえば野郎箪笥（仙台箪笥）も良い家の嫁入り道具の定番だったな。昔はお金持ちの家しか箪笥を持っていなかったからね。あとね、家長っていうか家を女が継ぐこともあった。というか基本的に最初に生まれた子どもが家督を継ぐからオンナ家督となって婿をもらうのね。弟がいてもそうして家を継ぐわけ。それで、二男、三男は、捕鯨船や遠洋漁業の船に乗ったり、仙台に働きに出たり、いろいろな選択肢が広がる。夢が持てることは大事だと思わない？

（六〇代男性）

写真：石巻市教育委員会所蔵

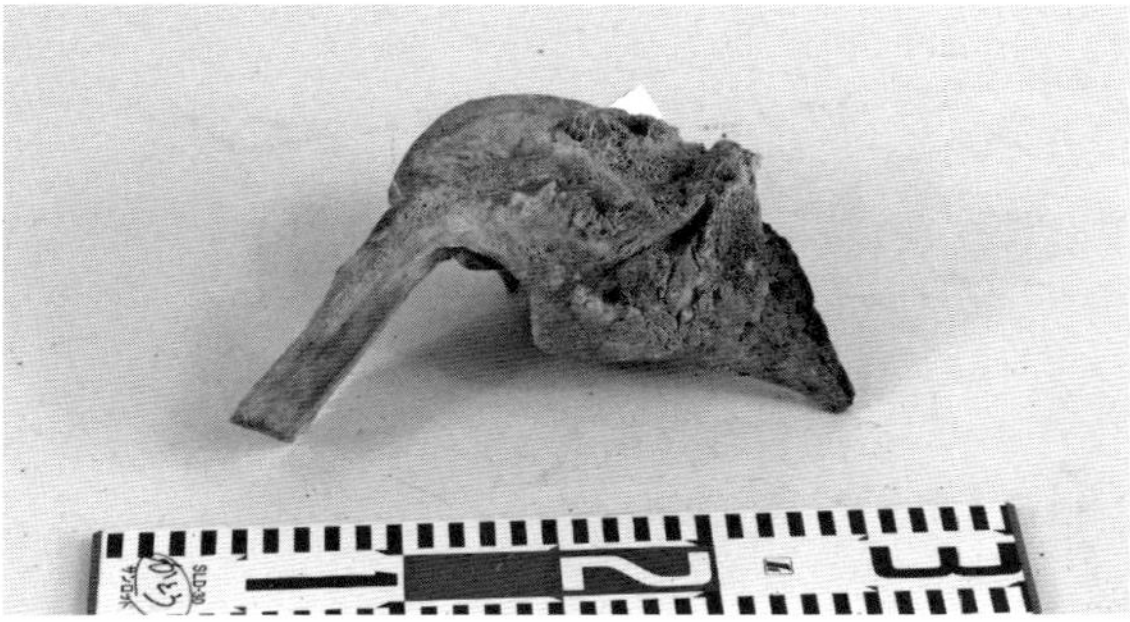

クジラの耳骨《じこつ》

我が家にも、〝文化財〟があったのよ。それはおしかホエールランドと我が家にしかないもので、クジラのチンポと女のイチモツ。男のは干物にしてあえってひと尋くらいある。家の天井ぐらいまであったんだよ。女のはホルマリン漬けにしてあって、横に乳房があって面白い、あれは貴重なものだったなぁ。まさに我が家の〝珍宝〟だった。人がくるとね、時々〝ご開帳〟したんもんだよ。あれを津波で流しちゃったのは惜しいね。文化財レスキューってそういうのも探すの？

（四〇代女性）

写真：石巻市教育委員会所蔵

仙台箪笥《せんだいだんす》

こういう箪笥、十八《くぐ》成浜《なりはま》のうちにあったわね。わたしはもともと仙台の生まれなの。でも両親が亡くなって孤児になったので里子として牡鹿の漁師の家に迎えられたのね。でも家族としてよくしてもらって大きくなってからは、カキ養殖の仕事や漁業の周辺の仕事で食べていくことができた。この地方は、里子がむかしから多いところでね。働き手も必要だということもあるけど、やっぱり人の子も養っていけるだけの裕福さがあったんだね。

（五〇代女性）

写真：石巻市教育委員会所蔵

俎板《まないた》

大きな俎板ね、これ。家庭で使うものではないかもしれないね、鯨肉を切り分けたりするものかも。調査捕鯨になってからだいぶ経つけど、とれたクジラはいろいろ検査されたあと肉は副産物といって流通するのね。そのうち一部は地元で流通するから、事前に申し込んでおいて配布の日に受け取る仕組みになっています。もちろん自家でもおいしくいただくけど、親戚やシンルイにあちこち送ってあげるのね。親戚っていうのは血のつながった普通の意味での親戚だけど、そのほかにシンルイづきあいっていうのかな、そういう関係がある。かつて一緒に捕鯨船に乗っていたとか、仕事の上で密接なかかわりのあった人の息子さんとか、近くの親戚よりも遠くのシンルイの方が親密だったりするのよ。

（八〇代女性）

写真：石巻市教育委員会所蔵

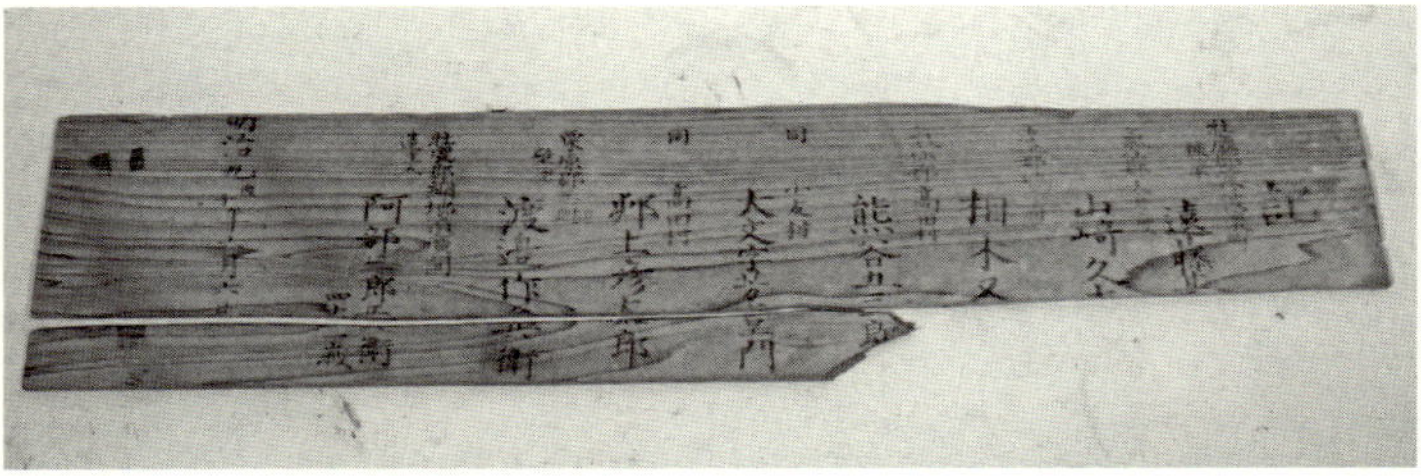

棟札《むなふだ》

わたしは大工を長年やってきて、これまででもっとも立派な家を建てたのは網地島《あじしま》にあります。遠洋漁業で儲かった時期にね。施主がいくらかかってもいいから唐桑御殿《からくわごてん》みたいなのを建ててくれって、そういう頼み方をされたら張り切ってしまってね。それで唐桑半島まで行って気仙大工《けせんだいく》の棟梁に話を聞きに行ったんだよ。センガイ造りっていう軒を長く伸ばした独特な方法でね、いろいろ調べて私も挑戦したんだね。それで苦労しながらもこしらえて、本当にいい仕事をさせてもらったものです。あんな時代はもう来ないと思うけど、大工はやっぱり仕事をさせてもらってナンボですから、いい時代に生きたと感謝してるんです。

（八〇代男性）

写真：石巻市教育委員会所蔵

ひとり一人のくらしの風景

黒潮と親潮がぶつかり合う世界三大漁場「石巻・三陸金華山沖」を背景とした、豊富な資源に恵まれた牡鹿半島は、近代漁業の最前線であり技術の実験場でした。そのことが、先進技術を受容する進取の気風をはぐくみ、一旗あげるために多くの人々が半島に移住し、また半島から他所へ出稼ぎするために出ていきました。

それぞれの家が個別のつながりをもつネットワーク社会は、働くことを通じて営まれてきました。エビス親のような擬制的な親子慣行、特異な里子慣行、男たちが順番に働きに出て行って結果的に末子相続になる家もあれば、長女が家を継ぐ姉家督もあります。こうした流動的な関係性を、それを総じて「親も親族も作れる」と語った方もおられました。また、ハイリスク／ハイリターンの海の仕事は、資本を蓄積して事業を起こす夢を見ることもできれば、失敗してふりだしにもどってしまうこともあります。しかし、再び磯根の漁業から再出発すればいいというおおらかさは、この地域のくらしの本質にふれる部分であるかもしれません。

牡鹿半島では、大震災だけが生活を変化させたのではなく、地域の開発や幹線道路の整備、商業捕鯨の禁止、養殖業における流通のグローバル化、農林水産物の生産の政策的な転換など、多くの要素が、ひとり一人の生活のミクロな現場に作用してくらしが変化してきました。また災害についても、明治三陸津波、昭和三陸津波、チリ地震津波、平成の東日本大震災の津波と、それぞれに異なる被災状況と、そこからの復興過程がありました。人々は、こうした試練に向き合うことで、人生を歩み、生活を営み、思い出をはぐくんできたのです。

聞書きのエピソードから滲みでてくるのは、「一人ひとりのくらしの風景」です。そこに、陸前海岸のくらしのたて方や、漁の民俗と近代が透けてみえてきます。ここで紹介したような断片的なくらしのエピソードを紡ぎあわせて、この地域の民俗誌を描いていくのが、わたしたちの次の目標です。

鮎川浜の遠景

鮎 Café ①

昭和 20 年代の鮎川浜

牡鹿半島に位置する鮎川浜は、捕鯨文化で栄えた“くじらまち”です。明治 39 年以降いくつもの捕鯨会社がひしめき合い、捕鯨の隆盛はそのまま鮎川浜の賑わいにつながっていました。

大型鯨類の捕鯨は、油や肥料などの加工業と結びついており、鮎川浜に雇用を生み出しました。昭和初期には、紀州のゴンドウクジラ漁の道具を応用して始められたミンククジラを狙う小型沿岸捕鯨が始まり、鮎川に基盤を置いた捕鯨として発展していきました。小型沿岸捕鯨は、いわば家業として行う捕鯨で、現在でもそれに使用する捕鯨船は親しみを込めて“ミンク船”と呼ばれます。戦後の南氷洋での遠洋捕鯨にも深くかかわる土地でした。

写真は昭和 20 年代後半の鮎川の風景です。捕鯨会社の事業所や解剖場、工場に加え、商店や盛り場の様子もわかります。鯨まつりの花火は、商業捕鯨全盛期の賑わいの記憶とともに、人々の心に刻まれています。

〈鹿井清介氏撮影〉

鮎川浜の風景

捕鯨船第十二勝丸と丸浄丸

〈鹿井清介氏撮影〉

鯨祭り名物の花火

商店街の七夕飾り

〈鹿井清介氏撮影〉

捕鯨船員たち

鮎 Café ②

男たちの活躍

牡鹿半島には、鮎川浜の捕鯨とその関連産業、網地島の遠洋漁業、各所で営まれる大規模定置網の大謀網、半島の各浜の養殖業や各種漁業、鮎川浜の町や工場での労働、海運や渡船など、多くの仕事がありました。地元だけでなく、東北一円や、捕鯨基地のある全国の町などから、仕事を求めて鮎川浜に集まったのが“くじらまち”の男たちです。

男たちは、仕事休みや息抜きのためにいろいろな遊びに興じましたが、そのなかのひとつが野球でした。昭和中期は、だれもが一度は野球選手を夢見た時代でした。鮎川浜には、捕鯨会社ごとのチームや役場の職員のチームなど、いくつもの野球チームがあり、さながら小さな実業団リーグのような状態でした。チーム名も大鯨クラブなど、クジラに関するものがありました。

若い男たちの活躍の場は、運動会や祭り。とりわけ運動会では、お父さんたちの仮装行列が呼びものでした。聞書きでは中高年の方々にお話をうかがうことが多いですが、子どものころがちょうど商業捕鯨全盛期にあたり、お父さんの活躍ぶりは脳裏に鮮明に焼き付いているようです。

〈鹿井清介氏撮影〉

クジラの解剖員たち

大謀網の漁師たち

野球チームの勇姿

〈鹿井清介氏撮影〉

小学校と父親たちの桃太郎仮装

金華山巳年の例大祭

〈鹿井清介氏撮影〉

漁協前の賑わい

鮎 Café ③

女たちの活躍

　いつの時代も活力にあふれた活動をみせるのは女性たち。それが一見してよくわかる記録が、鯨まつりの写真です。戦後復興と、町の活性化のために昭和 20 年代末期にはじまった鯨まつりは、鯨供養の法要、地区ごとの婦人会等が結集する仮装パレード、ミス・コンテスト、歌手のステージ、捕鯨砲の実砲大会、花火大会といった盛大な内容でした。高倉健主演の東映映画『鯨と斗う男』（1957 年公開）では、その様子を再現したロケが行われたほど“くじらまち”の活力を象徴するイベントでした。

　パレードは、鮎川浜の南地区、北中地区といった地区ごとの出しものに加え、半島の各浜が連合で参加することもあったようです。内容は毎年違う趣向を凝らしたもので、新選組や花笠踊り、捕鯨船、白虎隊、証城寺の狸など実にさまざま。南太平洋の人々の踊りやアイヌの舞踊など、現在は差別的と見えるようなものもありましたが、聞書きによると当時の鮎川では捕鯨船で各国を旅した人が異国の話を語ることが日常茶飯事であり、異文化への憧憬が強かったそうです。

　ミスコンの衝撃的なパロディ「ミス大原」が 60 年の時を超えて浜の女性のユーモアを伝えてくれています。

〈鹿井清介氏撮影〉

五十集の踊り

花笠踊りの山車

ミス西町

〈鹿井清介氏撮影〉

ミス大原！

捕鯨船の仮装

〈鹿井清介氏撮影〉

大工一家のお茶っこ

鮎 Café ④

家族の楽しみ

牡鹿半島は、仙台などの都市へ気軽に出かけられる距離にはありませんが、半島内にいろいろな家族の楽しみの場がありました。日常的な息抜きは何といってもお茶っこです。仕事なかまや家族で、くだものや漬物をつまみながらの団らんのひと時は“くじらまち”の思い出を語るエピソードにも頻繁に話題となりました。

金華山は、もともと女人禁制の聖地で、女性は半島側の一の鳥居近くにある遥拝所から祈願をしました。その名残もあって、一の鳥居や金華山への渡船が発着した山鳥（ヤマドリ）は、家族のピクニックで出かける場所ともなりました。

また、鮎川浜からひと峠越えたところにある十八成（くぐなり）浜には、歩くと音が鳴る「鳴き砂」の海水浴場が賑わいました。松林でお弁当を食べたり、飛び込み台で度胸試しをしたりと、いろいろなエピソードが聞かれます。現在では地盤沈下と津波による砂の流失で砂浜は無くなってしまい、復興が待たれます。

昭和中期の運動会には、家族総出で応援する姿をみることができます。雄勝スレート葺きの木造校舎も趣がありました。

〈鹿井清介氏撮影〉

金華山遥拝所

鮎川小学校の運動会

山鳥の渡し

〈鹿井清介氏撮影〉

十八成浜の鳴き砂の海水浴場

十八成浜の松林での昼食

〈鹿井清介氏撮影〉

4

つくり、つたえる

●文化における「より良い復興」へ●

文化創造と民俗誌

わたしの民具研究の恩師である岩井宏實先生は、フィールドワークにおける調査の態度を、次のように書いています。『旅の民俗誌』(河出書房新社、二〇〇二)から引用してみましょう。

（筆者補――旅は）大いなる好奇心で、行く先々の風物やそこに住む人々の生き方や、物事に対する考え方や生活習慣などを知り、それを自らの意識や社会生活の糧とし、人生観なり世界観をつくりあげるのに役立てるものであろう。すなわち、「歩く」「見る」「聞く」を基本とし、それに加えて「学ぶ」「造る」「伝える」ものである。この「造る」というのは、たんに直接生活に役立てる実学的なものだけではなく、形而上的とでもいえる精神的なものをも含めて、自らのなかで形成するものである。さらに、「伝える」はそれを個人に内蔵するのではなく、生活を共にする地域社会や、さらにいえば広く日本人の共感を得て、それを共有できるように知らしめるものであろう。各人のそうした意識と行動が〝旅学〟をつくりあげる。（岩井二〇〇二、一七九頁）

ここでいう旅とは、そのままフィールドワークと置き換えることができます。わたしは、文化財レスキュー活動という非常に特殊な契機によって、牡鹿半島に関与することとなりました。それをひとつのフィールドワークの起点ととらえるところから、ポスト文化財レスキュー期の実践に取り組むにいたりました。その活動は、地域の人々の「ひとり一人のくらしの風景」が織り込まれたエピソードを聞書きすることで、地域の人々にとって大切にしたいものを浮き彫りにし、それを共有していくための移動博物館という方法をとっています。

大震災から六年目の現在、被災地は復興のための土木・建築のラッシュのさなかにあり、嵩上げ工事によってかつてのくらしの痕跡が急速に失われていっています。一方で、復興の進度に大きな格差が生まれ、いち早く復興した地域の住宅や商店街が、まるで郊外のニュータウンや流行りの道の駅のような様相を呈し、かつての地域像とは乖離したものになっていくのを目の当たりにして、戸惑いも生まれています。過去のくらしとの地続き感への希求は、とりわけ被災地に残ることを決めた人々にとって切実なものがありますが、一方で安全最優先のインフラの復興にあってはそれを満足させるための方途は限られています。

こうした経緯を実感しながら被災地でのフィールドワークを継続してくると、くらしのエピソードとその語りは、災害経験をふまえたかたちでの回顧と再解釈によって吐露されるものであり、語りの現場では、大学生との対話にお

いて確実にひとり一人のなかで物語が紡がれていっているのだと気付きます。こうした構築主義の立場に立って語りに向き合うとき、個々の経験を、震災の「記憶」の継承や教訓のようなかたちで一般化するのではなく、むしろその個別さの集まりで形成されてきたくらしの雑駁さにこそ、価値を見出すことが重要だと思い至ります。人々の人生や生活を背景にもつ物語は、対話を通じて導き出され、あるいは展示したモノへの印象がトリガー（引き金）となって引き出されます。人生の数だけエピソードがあるという事実に、わたしは極めて重要な意味を見出しています。

エピソードの集積から地域のくらしのイメージを共有し、それを復興していく地域社会のこれからについて構想する材料としてもらうのが、わたしたちの地域への関与のアプローチです。負の遺産としての「記憶」を語り継ぐことももちろん重要ですが、大災害以前のくらしのイメージを復興していく町のなかで意味づけていくための語りの役割には、ほとんど目が向いていないのが現状です。被災地での民俗誌的な調査では、文化創造に介入していくことがほぼ不可避です。であるならば、その介入のためのアプローチ、そしてそれが何につながっていくのかを、フィールドワークを通してしっかりと見極めていくことが必要です。

前頁写真：展示会場での呼びかけ看板〈東北学院大学文化財レスキュー活動メディア班学生撮影〉

「ライフ」へのまなざし

わたしたちは、展示やワークショップを通じてくらしのエピソードを集積しながら、地域の人びとが生活の歴史において大切にしたいと考えるローカルな価値の掘り起こしを行ってきました。そして掘り起こしたテーマをもとに展示を作り、地域にフィードバックして聞書きを行い、さらに新たなテーマを浮き彫りにするというスパイラル（連鎖）を移動博物館活動に導入し、それを継続しています。

そのテーマは、鯨まつりの賑わいに象徴される商業捕鯨時代の町の賑わいや、地域で働く男たちの余暇としての野球、養殖業が中心となる以前の浦々の雑多な漁撈や、金華山に対する漁民の信仰といった、素朴なものです。しかし、こうした話題をもとに聞書きを進めると、そのエピソードには牡鹿半島の人びとの独特な社会関係が見えてき

鮎川港全景

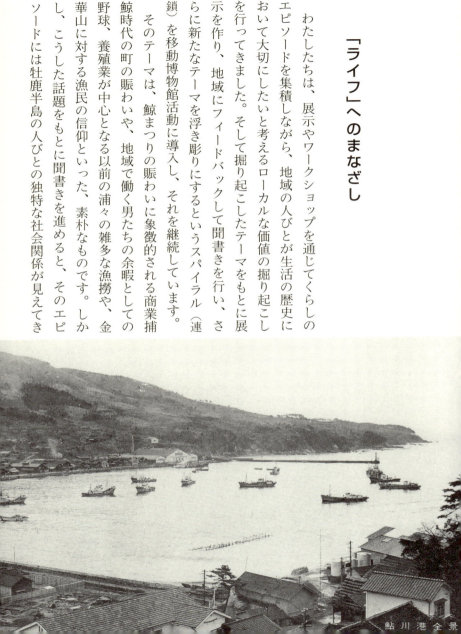

ます。エビスオヤとエビスコ、里子制度、ワラジヌギバといった他所から働き手を積極的に迎え入れるための仕組みや、血の繋がっていない家同士のシンルイ付き合い、鯨肉の贈与で結ばれた捕鯨のコミュニティ…。こうした民俗学的にも興味深い社会関係が、現在進行形の生活のエピソードとして語りのなかに織り込まれています。それらはひとり一人のくらしの営みのなかで意味を持っており、またそのあり方も実にさまざまです。

そもそも、牡鹿半島の浜や浦は、豊富な海洋資源を背景に、外部に開かれ、進取の気風に富み、集落内の共同性よりも個人のネットワークがものをいう社会であり、男たちは一旗上げるようなチャンスに賭け、外部から働きに来る者を受け入れるさまざまな仕組みを社会関係のなかに持っているような、流動性を内包しています。そこに、半世紀から一世紀に一度は、大津波をともなう大規模災害が襲って甚大な被害をもたらします。また、ハイリスク・ハイリ

写真　昭和中期の鮎川港の絵はがき

ターンの生業の特質によって、政策や経済の動きをまともに受けて翻弄されることもしばしばです。景気の良い時代は突拍子もなく華やかで、景気の悪い時代は辛酸を舐める、そんな浮き沈みの激しい歴史を生きてきた実感が、「ひとり一人のくらしの風景」を背景にもつ語りを紡ぎ出していくのです。

くらしの営みが、ひとつのまとまりを持った集落やコミュニティによって継承されるという理解は、日本社会に根深く浸透しています。東日本大震災における報道等で繰り返し賞賛された、東北地方の素朴で親密なコミュニティ像は、民間伝承や民俗芸能を守り伝え、強固な結束によって、ガマン強く営まれてきたというイメージに根ざしています。しかし、これまでの研究においても、またわたしたちの聞書きにおいても、この地域の社会の営みはそのイメージとはかなり違ったもののようです。牡鹿半島の人々のくらしは、閉鎖的で保守的なものでは決してなく、むしろその真逆の性格を色濃く持っているのであり、ダイナミズムこそ地域の活力となってきたものです。

大震災後、コミュニティの「絆」や「記憶」の継承が盛んに論じられてきました。しかし、震災経験の違いだけでなく、人生経験の多様さをもった牡鹿半島というフィールドにあって、着目すべきは個人が紡ぎだす物語です。そのとき重要なのは、コミュニティよりも「ライフ」。つまり、ひとり一人の人生の営みや、生活の実感に対する真摯なまなざしです。

「ライフ」の記述について思索を巡らすとき、わたしが真っ先に思い起こしたのは松谷みよ子の「現代の民話」の試みです。松谷みよ子は、『いないいないばぁ』や『のせてのせて』などの「あかちゃんの本」シリーズや、「ちいさいモモちゃん」シリーズなどで知られる童話作家です。同時に原爆やユダヤ人迫害をテーマにした作品群を通じて、「現代の民話」の可能性を開拓した先鋭的な民話研究家でした。『現代の民話　―あなたも語り手、わたしも語り手―』（河出書房新社、二〇一四）では、戦争体験の記録や被災経験の語りを「記憶」の継承の問題として、学校の怪談や都市伝説、臨死体験、生まれかわりの話などを「現代の世間話」として、真摯に記述することの現代的意義を説いています。

そうした取り組みの初期の仕事のひとつが、一九八二年刊行の『別冊民話の手帖』一二号に掲載された特集「宮城県　女川・雄勝の民話　―岩崎としゑの語り―」です。宮城県女川町に住む岩崎としゑさんから昔話を聞くために、松谷はチリ地震津波の経験談や、地域のくらしの変化などについての、さまざまな現代の民話を聞書きし、丹念に記述しています。それは、客観的な記録ではなく、岩崎さん自身の体験や伝聞を、回顧と再解釈を加えながら、松谷との対話のなかで紡ぎ出したもので、まさに「ライフ」に基づいた地域へのまなざしが語りを通して描き出されています。こうした現代の民話が、現在被災地の震災観光や防災教育において盛んな震災の語り部と決定的に違うのは、個々のエピソードが松谷みよ子というフィルターを介して描き出される点にあります。民話収集の現場では、「再話」といって、付随する民俗誌的な聞書きによって状況を補足しながら物語として記述されます。さらに、「現代の民話」の読み手は、書かれたものをもとに、女川・雄勝のくらしのイメージを復元的にイメージすることになりますが、その読書体験そのものが読み手自身の語りを紡ぎだすトリガー（引き金）となるかもしれません。こうした聞き手と語り手の間のインタラクション（相互作用）、そして記述された物語が読み手を語り手にさせるようなインタラクションは、未知の可能性をはらんでいます。

グローバルに共有できる物語と共感のちから

もうひとつ、「ライフ」の記述において参考となる例は、「サバイバー・トゥ・サバイバー・ストーリー（Survivor to Survivor stories）」というプロジェクトです。これは、大規模災害の当事者同士が、彼ら固有の経験や個人的な人生の物語、ローカル・ノレッジ（地方固有の知）、伝統的な癒しの技法などを主体的に記述し、互いに共感することで自律的な復興の手立てを獲得していくという大規模なプロジェクトで、アメリカ・ヒューストン大学のカール・リンダール氏が中心となって実践しているものです。

リンダール氏らは、二〇〇五年にアメリカ南部を襲ったハリケーン・カトリーナとリタの被災者の有志に聞書きの訓練を施し、彼らを雇用して多くの被災者への聞書きを行い、その語りをアーカイヴしていくというSKRH（Surviving Katrina and Rita in Houston）を展開し、その活動は民俗学者の現代社会への積極的な関与の代表的な例として日本民俗学にもインパクトを与えました。その後、リンダール氏らはSKRHで得たノウハウを応用して、さらに二〇一〇年に発生したハイチ地震の被災地で「サバイバー・トゥ・サバイバー：ハイチの記憶（Survivor to Survivor: Haitian Memory）」というプロジェクトに着手し、災害の当事者が記述の活動の先導に立つことによって復興に関与するためのプラットホームとして「サバイバー・トゥ・サバイバー・ストーリー」を提起しています。

二〇一二年一〇月二二日、わたしはリンダール氏に招かれ、ヒューストン大学でのシンポジウム「当事者を中心とした災害対応　―民族誌家はいかなる貢献ができるか―」に登壇しました。このシンポジウムは、大規模災害に見舞われた地域でフィールドワークを行っている民俗学の研究者が、その調査を通じてローカル・ノレッジにアクセスし、それをもとに地域の被災経験者を巻き込みながら復興への関与を深めていくことの意義を議論するものでした。

このシンポジウムでオハイオ州立大学のエイミー・シューマン氏は、政治亡命者や障がい者との対話によって描く民俗誌について論じるなかで、共感することをめぐる問題について論じられました。シューマン氏は、単なる共鳴としてのシンパシー（sympathy）から、相手の人生や背景を踏まえたうえで対話のなかで紡ぎだされるエピソードへの深い共感としてのエンパシー（empathy）へといたる過程こそが、民俗学者にとっての問題発見の場なのだといいます。このエンパシーの重要性については、新潟県中越地震の被災地である小千谷市においてフィールドワークを続けている菅豊氏も著書（菅、二〇一三）のなかで論じています。相手を慮《おもんぱか》るといった深い共感にもとづく地域生活に対する理解は、当事者のニーズをかたちにしたり、ローカルな知識と価値にもとづく生活再建上の戦略を描き出したりすることの土台となります。シューマン氏は、こうしたミクロな調査においては、言葉として語られること以上に、沈黙（silence）を理解することが重要だとわたしに話してくれました。語りえぬこと、今は語らないでおくこと、言葉にならないことこそが、人生の本質だというのです。そしてそれをおもんばかる態度をはぐくむ対話の空間こそが、民俗学者の仕事の最前線なのです。

シンポジウム終了後、わたしはリンダール氏の自宅で開かれたホーム・パーティに招かれ、被災後の地域社会においてナラティヴの果たしうる役割について議論を深めました。リンダール氏は、ハリケーンが襲った直後は、ヒューストンに押し寄せた膨大な避難者へ

の援助物資の仕分けボランティアに参加するなど右往左往していたが、そのうち被災者と対話するなかで、どんな状況でも民俗学者としての矜持を持ち続けたいと深く考えるようになったといいます。そこから、ナラティヴ（語り）を使って被災者の声を表舞台に引き出す方策を具体化させていき、SKRHの活動を立ち上げるにいたったそうです。また、リンダール氏は、現代は世界じゅうの大規模災害からの復興の現場で、民俗学者がナラティヴを生かした社会実践を行っており、そこで起こっている問題は共有可能なのだと話しました。

写真：ニューオリンズでのSKRH参加者との交流会〈筆者撮影〉

語りのオーナーシップ

それから二年後の二〇一四年、ナラティヴ（語り）を生かした社会実践をめぐる問題を共有する場は、イタリアのコモ湖畔の町、ベラージオで実現しました。リンダール氏が中心となり、ロックフェラー財団からの助成を得て開催された国際会議「大規模災害における当事者を中心とした災害対応　語りとローカル・ノレッジ（地方固有の知）による癒し（Survivor-Centered Responses to Massive Disasters: Healing through Narrative and Local Knowledge）」（二〇一四年七月一～五日）です。この会議では、各国の民俗学を専門とする民族誌家や公衆衛生学の領域の研究者、ジャーナリスト、人権活動家などが集まり、五日間にわたる議論が行われました。フィールドは、シエラレオネ内戦（一九九一～二〇〇二年、シエラレオネ）、スマトラ島沖地震（二〇〇四年、インド）、ハリケーン・カトリーナとリタ（二〇〇五年、アメリカ）、四川大地震（二〇〇八年、中国）、ハイチ地震（二〇一〇年、ハイチ）、東日本大震災（二〇一一年、日本）、イタリア北部地震（二〇一二年、イタリア）と地球規模にわたり、日本からは、民俗芸能研究者の追手門大学の橋本裕之氏、精神分析を専門とし、わたしたちの活動にも多くの助言をいただいた横浜国立大学の井上果子氏とわ

ベラージオでの国際会議〈著者撮影〉

たしが参加しました。参加者は、それぞれの国の自然災害や内戦からの復興過程において、ナラティヴとローカル・ノレッジを生かすことによって被災経験者を能動的なエージェント（行為の主体）として確立するための、多様な活動について報告を求められました。

ここでいうエージェントとは、他に対して働きかけをする存在といった意味の言葉で、現代の社会科学における文化の研究ではひとつのキーワードとなっている用語です。各国の災害後の地域社会における問題の多くは、貧困や差別と結びついています。もともと抑圧された存在の人々が、災害においてもその〝声〟を主流社会に対して届けることができないという構図を前提とし、そこに聞書きを中心とした方法によって関与する民俗学者や活動家が、その〝声〟を意味あるかたちで社会に提示しうるという議論です。

わたし自身の活動において参考となったのは、いずれの報告も、「対話の場の設定」、「聞書きによるナラティヴの記述」、「ローカル・ノレッジの析出」、「文化創造のためのフィードバック」というサイクルを、はからずも持っていたことです。わたしの牡鹿半島での実践では、「対話の場の設定」は被災資料の展示、「聞書きによるナラティヴの記述」は展示会場でのくらしのエピソードの聞書き、「ローカル・ノレッジの析出」は地域の人びとが生活の歴史において大切にしたいと考えるローカルな価値の掘り起こし、「文化創造のためのフィードバック」は移動博物館活動の継続と「文化創造のインタラクション」にあたります。個々の被災地での活動は、それぞれ個別の背景と条件のなかで展開していますので、細かい部分では共有できないのですが、上記のような枠組みとそれぞれの点における問題は、個々の事情を超えて問題を共有できるようです。

また、わたしの活動の報告に対しては、「語りのオーナーシップ」という切り口で議論が展開していきました。オーナーシップとは、直訳すれば所有権という意味ですが、ここでは当事者意識、あるいは主体性という表現がしっくりくるでしょう。近年開発途上国の国際援助や紛争地域の平和構築などにおいて、ローカル・オーナーシップ（local ownership）が重視されています。それは、援助する側が一方的に考えた開発計画をもとに、援助される側の人々に何かをさせるのではなく、現地の人々が主体的に考えたことに外部から援助するという考え方です。ローカル・オーナーシップを中心に据えることで、地域社会での持続可能性、ローカルな文化や習慣への適応、地域社会の発展への潜在的能力の発見などが期待されているのです。

聞書きにおける語りとは〝誰のもの〟でしょうか。地域の人々の脳内にある知識を、聞書きという対面的な方法によって引き出し、学問の側が一方的に利用することの弊害、さらにそこにある学問の権力性について考えることは、現代的な人文／社会科学のあり方を考える出発点です。民俗学者の宮本常一は、相手の気持ちもくみとらず質問攻めにする調査を、人文科学をもじって「尋問科学」と呼んで戒めました。研究者も地域社会の営みのひとつのアクターであるという認識から、どういうアクションを起こしていくかを考えていくことが、現代のフィールドワークには求められているのです。この国際会議において、わたしの実践はミュージアムを道具として用いた社会関与型の実践と協働を内包させるエスノグラフィーの構想として受け止められました。そのうえで、「語りのオーナーシップ」とどう接合できるかということが、問題とされました。

「語りのオーナーシップ」とは、話者が研究者の調査のために語るだけでなく、話者が研究者の公共的な目的に共感を持って語る、あるいは語ることで当事者意識を再確認するようなあり方を目指すものだとわたしは考えますが、それを実現することは口で言うほど単純ではありません。しかし、ナラティヴとローカル・ノレッジによって市民のローカル・オーナーシップをいかに確保できるか。そして、そこから市民の創造性を発揮するために、民俗学者がいかに関与していくかは、グローバルに共有できるテーマです。

ベラージオで開催された国際会議「大規模災害における当事者を中心とした災害対応語りとローカル・ノレッジによる癒し」では、このほか惨事ストレスとトラウマの問題や、ナラティヴの共有の道具としてのコミュニティ・ラジオなどのローカル・メディアの役割、民俗芸能など無形の文化的実践による癒しなど、さまざまなトピックが議論されました。最終的には、被災地の人々が文化的な復興において主導的な役割を演じるための、社会的認識の転換を求めていくことの必要性を共有して閉幕しました。

「より良い復興」と文化創造

二〇一五年三月一四～一八日、仙台で第三回国連防災世界会議が開催されました。また、これに関連したものとして、国際専門家会合「文化遺産と災害に強い地域社会」が三月一一日～一七日の日程で、東京と仙台で開催されました。現代において防災を国際的な枠組みで議論するとき、文化遺産の保護や地域社会のありようは、欠くことのできないテーマとなっています。

この一連の会議を通して、非常に重要なキーワードとして社会的に認知された言葉として、「レジリエンス（resilience）」と「より良い復興（Build Back Better）」が挙げられます。

レジリエンスとは、災害に対する社会の強さや回復力といった意味で、これを高めることが減災につながるという共通認識があります。その前提には、災害とは単なる自然環境の突発的な変化という危険因子（hazard）による損失を指すだけでなく、その内容のなかに少なからず人間社会の営みによる被災が含まれているという考え方があります。そのおもなものは、貧困や差別などによって抑圧された人々が災害を被りやすい環境に居住せざるをえないという社会的な脆弱性の問題や、社会的なルールを順守していない建造物などのモラルの問題、無秩序な開発などの都市計画上の問題などが挙げられ、それらの災害リスクを解消するための投資や意識改革などが求められています。こうした問題を、被災経験にもとづいて再検討し、脆弱性を克服してレジリエンスを高めた社会を構築しようという考え方が「より良い復興」です。

東日本大震災以降、地域の災害の歴史を示す遺構や、防災のための地域社会のなかの仕組み、被災経験の継承のための記念碑などが注目され、現代の防災教育につなげようとする動きが活発になっています。これも巨視的に見れば、災害リスクを理解するため、そしてどのような被災が起こるかの予測やリスク管理に資する情報源として、文化遺産が活用されようとしている動きとつながっています。そして文化遺産防災における「より良い復興」においては、被災した文化財をレスキューして応急処置を施す一連の活動において各分野の専門家や関係組織が包括的なネットワークを構築することや、地域的、宗教的なコミュニティ、学校など災害当事者の関与を促すこと、さまざまなデータを共有し活用できる仕組みを構築することなど、多岐にわたって強化をはかることが求められています。

そもそも復興とは、物質的な面でのインフラの復旧や生活環境の再整備や、安定した職業・生業の営みや健康、福祉など生活を営む基本的な土台づくりに加え、人生や生活における幸福のための条件を作っていくための継続的なプロセスです。よく、なぜ人々は災害リスクのある土地に住み続けるのか？という問いを耳にします。被災地に生きる人々は、経済的な目的のために災害の危険を承知でそこに居住しているのでしょうか。そうではなく、そこで生きてきた営みのなかで、地域文化に対する再認識と愛着、人生において大切にしたい価値、そこに生きていくことへの誇りといったものを束にしたような、言葉で表現しえない何かに寄り添って、これからの生活を展望しているのではないでしょうか。わたしの考える文化における「より良い復興」とは、人々が被災経験を通じて、地域文化の再発見、再解釈、そして再定義をこころのなかで進めることによって、その地域で生きていくことへの意味を創り出していくことです。

こうした活動で重要なことは、地域社会の伝統的な文化的慣習や価値観、身体技法や民俗知識に裏付けられた環境認識など、総じてローカル・ノリッジと呼びうるものに、もっ

次頁写真：夏の鮎川浜は朝は海から風が吹き、午後は山から風がおろす。いつの時代も変わらぬ自然の営みを感じる。〈筆者撮影〉

とも通じているのは被災地の人々であるという前提を、活動をするわたしたちと参加する地域住民とで共有していくことです。そこから、災害を経験した人々が、その地域のふつうのくらしについて語れるということによって、復興に重要な役割を果たしうるという認識を作り出していくことが重要です。

その方法として、前述の「対話の場の設定」、「聞書きによるナラティヴの記述」、「ローカル・ノレッジの析出」、「文化創造のためのフィードバック」というサイクルが有効であり、民具や古写真、食文化、口頭伝承、方言といったものはもっとも身近な資源となります。被災資料は、こうした舞台で活用されることによって、文化における「より良い復興」の意味ある資源となっていくと、わたしは考えています。

「お守り言葉」を超えて

これは大学生たちに折にふれて語ることですが、文化における「より良い復興」において重要なことは〝記憶〟、〝絆〟といった分かり易い言葉、社会に無批判に受け入れられ、容易に浸透していく言葉を、相対化することです。要するに、わかりやすい言葉ほど危ういものはないという話ですが、こうした集合的な思考停止状態について論じたものとして、わたしは鶴見俊輔の言葉のお守り的使用法、通称「お守り言葉」という議論を思い返します。鶴見は、言葉のお守り的使用法を「人がその住んでいる社会の権力者によって正統と認められている価値体系を代表する言葉を、特に自分の社会的・政治的立場を守るために、自分の上にかぶせたり、自分のする仕事の上にかぶせたりすることをいう」（鶴見一九九二、三九〇頁）として、その代表的な言葉として「国体」「日本的」「皇道」「八紘一宇」「国民精神」などを抽出し、「言葉のお守り的悪用」について批評を加えています。

わたしは、こうした言語の慣習は、近代史における問題にとどまらず、むしろ現代社会のあらゆる局面に偏在するものだとおもいます。大震災後、わたしは文化財レスキュー活動について話す機会がとてもたくさんありました。そのたびに、無批判に〝褒められるこ

と〃に違和感を覚えてきました。「文化財」は守らなければならない、なぜならそれが「文化財」だからといった、いわば「お守り言葉」としての「文化財」を強く意識してきました。

わたしがこうした外部からの賞賛に対する違和感を抱くのは、大震災後の被災地での文化財レスキュー活動の現場でのある体験からきています。文化財レスキューは現地の方の生活の困難さのなかでレスキュー活動をしなければならないのですが、被災地の人々は毎日がイレギュラーな対応の連続で文化財レスキューどころではなく、決して温かく迎えてくれるわけではありません。石巻市鮎川収蔵庫の文化財レスキューの現地で、わたしは作業の記録のためのビデオ撮影をしていたとき、初老の男性が何をしているのかと尋ねてきて、経緯を説明すると

写真：津波と地盤沈下により水没した鮎川港〈筆者撮影〉

「今そんなことをしている場合か？」と詰め寄られました。また現状記録のために写真を撮っていると「なに写真撮っているんだ！」と罵声を浴びせられたこともありました。今にして思えば、それが地域住民だったのか、外部から入ったボランティアだったのかもわかりませんが、社会的にみて文化財の対応はあまり優先度が高くはないことを認識しました。つまり、被災地の現場では、「文化財」は守らなければならない、なぜならそれが「文化財」だからといった説明は、まったく意味をなしませんでした。このとき、わたしは「文化財」が「お守り言葉」として流布し、研究者のわたしもそれに絡め取られていたことをはじめて認識しました。

この体験から、わたしは文化財レスキューの現場となったフィールドでの、継続的な活動の必要性を強く認識しました。これは文化財レスキューの意義そのものを、より声高に訴えて普及すればいいという問題ではありません。「文化財を守りましょう」といったスローガンは地域住民のこころに響くものではなかったことを直視すべきです。人々の多くは、文化財を保護することの意義を承知しています。文化的な〝財〟が、人々が生活していくこととどういうかたちで切り結ぶことができるのかが、問われていないことが問題です。「復興キュレーション」は、文化財レスキューの現場での葛藤に端を発した実践でもあります。

社会関与型の実践へ

わたしは、かねてより被災地に建設されるミュージアムは、復興過程における文化創造活動を踏まえたものにすべきで、一定の復興を遂げたあとも、市民が継続的に博物館活動に関与し続けられる基盤となることが必要だと考えてきました。現代のミュージアムは、専門知にもとづく文化的な価値の普及はもちろんのこと、市民参画や住民参加、地域のさまざまなアクターとの協働によって、市民社会のなかで意味ある存在となることが求められています。市民が抱える種々の課題を、いろいろな立場の人々が関与して新たな意味や価値を生み出していくプラットホームとしての役割が期待されているのです。そこでは、決して一枚岩ではない市民社会内部の差異や多様性が前提とされており、他者との対話や協働の場としてミュージアムが想定されています。

市民の学びという観点においても、例えば、住民と専門家が、対等な立場で参画して地域学習を展開することによって、生活環境の向上やコミュニティの醸成を目指すエドゥイン・ハミルトンによる成人教育モデル（ハミルトン二〇〇三）が、現代の地域づくりにおいてたいへん意義深いものとなっています。その実践においては、住民が大切にしたいと思っているものに対し、専門家がいかに意味付与し、内容の充実をはかり、ときにはオルタナティヴ（既存のものと取って替る）なアイデアを提示しつつ、よりよい文化創造に向かえるかが鍵となるでしょう。

こうした地域文化の創造をめぐる教育と文化の議論をふまえると、災害からの復興過程はその実践の現場の最前線といえます。現代の地域文化の創造のための実践において視野に入れておかなければならないのは、社会関与型の実践というアプローチです。ソーシャリー・エンゲイジド・アート（SEA）はその先導役となっており、社会的相互行為を盛り込んだアート活動の実践が、ミュージアムの世界でも注目を集めています。この場合、アーチストは、単に社会問題を作品として表現するだけでなく、制作のプロセスにおいて公共圏にインパクトを与えるようなアイデアや視座の転換を分野横断的に作り上げていくことを目標とします。こうした実践においては、結果としての作品の美よりも制作過程そのものに価値が置かれ、さらに従来の絵画や彫刻、ビデオ・アート、インスタレーション（展示空間そのものを作品とする手法）、音楽といった形式のみならず、政治学や社会学、文化人類学、ジャーナリズムなど多岐にわたる分野横断的なハイブリッドが実験的に展開されています。こうした芸術的なものから社会的なものへの価値転換を、クレア・ビショップは「社会的転回」と呼んで、アートと社会の関係の転換点として位置付けています（ビショップ二〇一五)。

ソーシャリー・エンゲイジド・アートのこうした現代的な意義については、頭で考えるレベルではよくわかります。ただ、社会変革のためのラディカルな運動のような実践は、日本の地域社会における住民参加と文化創造のアプローチとしては、どうも馴染まないのではないかと感じます。ともすると、大多数のふつうの人々を遠ざけていくのではないでしょうか。

戦後の日本において、地域の文化資源を掘り起こしや意味づけ、そしてそれを普及・活用する主体は、地域博物館や公民館でした。ところが皮肉にも、被災地の学芸員や文化財担当者の多くは、博物館の復旧や復興事業に関係する文化財調査等に忙殺され、その役割を担うのは非常に困難な状況におかれています。わたしは、地域での文化創造活動をよりアクティヴにしつつ、しかしソーシャリー・エンゲイジド・アートほど鼻息の荒いものではないかたちで地域に浸透させるためには、従来からの地域博物館的な活動のうえに、すこし社会関与的な要素を加えて実践していくのが、より現実的だと感じています。このささやかな地域博物館の変革を意識した実験の繰り返しが、身の丈にあったソーシャリー・エンゲイジド・プラクティス、つまり社会関与型の実践のかたちを模索するプロセスになるのではないでしょうか。

パフォーマンスと対話によるフィールドワーク

本書では、文化財レスキューを起点として牡鹿半島というフィールドに関わることとなったわたしたちが、社会関与型の実践として展開してきたポスト文化財レスキュー期の移動博物館活動を紹介してきました。「復興キュレーション」と名づけた一連の活動は、被災地のさまざまな人々の交流の場を被災資料の展示会というかたちで実践するプロジェクト型の調査です。被災地は、状況がつねに流動的であり、人々の地域のくらしに対する見方や価値も、揺らぎ続けています。それが突出したかたちであらわれると、震災遺構の保存や震災復興の記念施設の設置などをめぐる是非として顕在化します。

しかし、価値観の変化というものは、概してひとり一人の心のうちにおいて静かに起こっていくものです。そうした目に見えない動きは捕捉しにくいものですが、展示会での地域の人々と大学生との対話によって導き出されたくらしのエピソードを、テーマにもとづいてフィードバックしたときの人々の反応は、それを把握する数少ないチャンスです。

前述のように、防災における「より良い復興」とは、災害リスクを解消するための投資や意識改革などを、被災経験にもとづいて再検討し、脆弱性を克服してレジリエンス（223頁参照）を高めた社会を構築しようという考え方です。一方、文化における「より良い復興」と向き合っていくとき、わたしたちは綿密な計画とタイムスケジュールによる復興プランではなく、状況依存的に活動内容を変化させていくオンゴーイング（行動しながら考える）なアプローチによる文化の掘り起こし作業、文化をめぐる対話の場を生み出し続ける活動の継続が大切だと考えます。わたしの専門は民俗学ですから、それを民具や古写真、古文書といった素材からさまざまな提案として投げかけ、それへの反応からものを考えていこうとするわけです。

実は、民俗学者のフィールドワークは、もともとオンゴーイングなアプローチを内在させています。その最大の武器は、民俗誌を記述することと、その記述を支える地域を総合的にとらえる民俗誌的思考にあります。民俗誌に英語の直訳はありませんが、最近は民族誌にあたるエスノグラフィーがしっくりくるようで、わたしは海外の研究者と交流する場では、エスノグラファー（民族誌家）とよく紹介されます。

近年、エスノグラフィーという言葉は、ビジネスや国際援助、医療やケアの臨床など、さまざまな場において使用されます。その意味は、ミクロな場の文脈の理解のための継続的な関与といったものです。例えば、わたしは工芸技術の調査研究に民具研究から携わってきましたが、最近のモノづくりの現場では人間中心のイノベーション（新しい技術や見方の提案）という言葉が聞かれます。これは、科学や合理性を背景とした作り手の発明を、おしなべて普及していくモノづくりから、現場に適ったモノ、多様な人間社会をふまえたモノづくりへと移行しようとする考え方に立脚したものです。

具体的には、まず使う人の生活に着目し、普段の生活の「現場」や働く「現場」に入り込んで、コミュニティやユーザーをつぶさに観察したり、対話したりしていきます。そうしたなかで、どのような価値観に基づく行動様式があるかや、克服すべき問題点はどこにあるかを、当事者あるいは生活者との対話のなかで考えていきます。この過程をエスノグラフィーと呼ぶことがあります。そしてその現場のニーズと直結したアイデアを製品としてフィードバックし、さらにそれが使われていく現場での観察や関与を継続していくのです。

こうしてみると、前述のソーシャリー・エンゲイジド・アート、モノづくりにおけるエスノグラフィーは、もともとまったく異なるニーズに応えるかたちで展開されている実践でありながら、住民参加、連携、協働、パフォーマンス、対話などの要素を共有しています。はからずも、それらはわたしたちが被災地で展開してきた「復興キュレーション」で重視してきたものであり、どうやら根っこの部分で親和性を持っているようです。

住宅や商店街の再建が進み、地域に文化施設が建設され、地域を再構築していくという段階こそ、わたしたちの活動の正念場です。政府が位置付けた東日本大震災と原発事故から一〇年の復興期間においても、その前半にあたる「集中復興」はすでに終わり、現在は後半にあたる「復興・創生」のフェーズ（段階）の序盤に位置づけられます。わたしが活動を通じて考えてきた文化における「より良い復興」のためには、一見すると対象や領域に隔たりがあるような活動とも、住民参加、連携、協働、パフォーマンス、対話といった社会関与的な要素に立ち返ると、意外なコラボレーションも可能となるかもしれません。

ドキュメンテーションと民俗誌

わたしは、民具や古写真などの生活の痕跡を色濃く反映し、さまざまな思い出を喚起する被災資料の役割を考えていく「脱・文化財レスキュー」的思考と、「ひとり一人のくらしの風景」に立脚するライフへのまなざしを通じて、くらしのイメージを再構築しつづける場を被災地に設定したいのです。そこでの活動とエピソードを記述していくことは、「語りのオーナーシップ」の問題へと直結しています。そして、いろいろなレベルでの住民参加や諸アクターとの協働によって、文化における「より良い復興」のイメージを共有していくことができるでしょう。

「復興キュレーション」は、これまでの活動によって完結するのではなく、本書はポスト文化財レスキュー期における活動の中間報告にすぎません。むしろ、被災地における活動を通じて何を記述し、それをどう集積し、さらに市民に拓いていくかを、継続的に考えていくことになるでしょう。わたしたちの活動の場においては、地域の人々が大切にしたいと考えるものを、話者と文化的な〝財〟と調査者の相互関係によって作り出すことを、これからも重視していきます。しかし、それには工夫というか、ドキュメンテーションに関わる新たな研究が必要です。現在までに、わたしが大学生とともに集積作業を進めているものには、以下のようなデータがあります。

・文化財レスキューした民具の基本データである「鮎川収蔵庫民俗資料台帳」
・被災時からの民具の応急処置の経過のデータである「文化財レスキューカルテ」
・牡鹿町誌編纂資料データを含む「旧牡鹿公民館資料目録」
・展示会での聞書きの内容を記した「聞書きデータシート」
・地域の古写真を整理した「古写真データベース」
・大学生が調査の準備として切りためてきた「牡鹿半島復興関連新聞記事スクラップ」

・過去にこの地域で行われた民俗調査のデータや成果文献
・国内他地域や海外の諸機関が所蔵する資料のデータ
・活動そのものの履歴のデータ　など

大学生たちがまとめ上げていく膨大なデータの整理や分析には、親しい仲間である京都大学高等教育研究開発推進センターの奥本素子特定准教授（教育工学）と東京工業大学博物館の阿児雄之特任講師（情報学）にお手伝いいただきながら、さまざまな可能性を研究しています。二〇一三年一〇月三〇日、ユネスコをはじめとする諸機関が開催した国際イベント「デジタル・ヘリテージ２０１３」（フランス・マルセイユのヨーロッパ地中海博物館で開催）で、わたしたちは奥本氏をトップネームとしたポスター発表をしました。内容は、活動経過で生まれるさまざまな形態のデータをどう分析できるかというもので、この時期わたした

写真：ヨーロッパ地中海博物館外観〈筆者撮影〉

ちは、「文化財レスキューカルテ」、「文化財レスキュー作業日誌」、「聞書きデータシート」という三つのデータの塊を、いかに関連付けられるかを検討していました。現在はその塊が前述のように幅広い文化の情報バンクにまで膨らんでおり、今後もより複雑化してきています。

そうしたデータの膨張のなかで、わたしは東日本大震災から一〇年あたりを視野にいれながら、民俗誌の記述を準備しています。当面の目標は、社会関与型の実践で得られるデータを基礎資料として民俗誌を描くことです。展示という方法でこれまで実践してきた「文化創造のインタラクション」と同様に、諸データのドキュメンテーションに立脚した民俗誌も地域にフィードバックし、それへのリアクションから生み出される新たな活動や調査を取り込みながら「復興キュレーション」をさらに展開させていくところに、時代に適ったフィールドワークのかたち、ミュージアムのかたちが見えてくるのではないでしょうか。

●これまで実施した移動博物館一覧●

文化財レスキュー企画展「鯨肉食のあれこれ」
石巻市復興まちづくり情報交流館牡鹿館（石巻市牡鹿地区）
２０１６年11月11日～２０１７年１月27日

文化財レスキュー企画展「鯨まつりのにぎわい」
石巻市復興まちづくり情報交流館牡鹿館（石巻市牡鹿地区）
２０１６年８月15日～９月５日

文化財レスキュー企画展「クジラ探検記　―アメリカ自然史博物館所蔵・明治の鮎川浜の写真―」
石巻市復興まちづくり情報交流館牡鹿館（石巻市牡鹿地区）
２０１６年８月11日～14日

企画展「躍動する身体　―牡鹿半島・思い出広場Ⅱ―」
イオンモール石巻　海の広場（石巻市）
２０１６年２月７日～11日

パネル展「大学生による文化財レスキュー　―復旧期5年間でできたこと―」
仙台市富沢遺跡保存館（仙台市太白区）
２０１６年１月19日～２月４日

企画展「金華山と鮎川浜の歩んだ近代」

石巻市牡鹿公民館「清優館」（石巻市牡鹿地区）
２０１５年８月９～12日

西南学院大学博物館・東北学院大学合同特別展「東日本大震災と文化遺産　―被災と復旧、そして文化創造へ―」
西南学院大学博物館（福岡市）
２０１５年６月12日～８月４日

企画展「鮎川浜の賑わい　―牡鹿半島・思い出広場―」
イオンモール石巻　海の広場（石巻市）
２０１５年２月９日～15日

企画展「古写真と民具で振り返る捕鯨の町・鮎川」
宮城県慶長遣欧使節船ミュージアム（石巻市）
２０１４年10月11日～10月26日

写真展「底抜けに楽しい！　六〇年前のクジラ祭り」
牡鹿鯨まつり復活祭会場（石巻市牡鹿地区）
２０１４年10月５日

企画展「牡鹿半島・海のくらしの風景展in鮎川浜」
旧牡鹿公民館跡地の更地（石巻市牡鹿地区）
２０１４年８月17日～20日

企画展「牡鹿半島のくらし展in仙台　―再生・被災文化財―」

せんだいメディアテーク（仙台市青葉区）

２０１４年１月10日～13日

企画展「牡鹿半島のくらし展in石巻　―再生・被災文化財―」

宮城県慶長遣欧使節船ミュージアム（石巻市）

２０１３年11月４日～５日

企画展「牡鹿半島のくらし展in鮎川　―再生・被災文化財―」

旧牡鹿公民館跡地の更地（石巻市牡鹿地区）

２０１３年８月13日～15日

企画展「文化財レスキュー展in仙台」

せんだいメディアテーク（仙台市青葉区）

２０１２年11月５日～９日

企画展「文化財レスキュー展in鮎川」

石巻市牡鹿公民館（石巻市牡鹿地区）

２０１２年８月12日～14日

参考文献

文化財レスキューにかんする主な参考文献

阿部浩一・福島大学うつくしまふくしま未来支援センター編（２０１４）『ふくしま再生と歴史・文化遺産』山川出版社

いわて高等教育コンソーシアム事務局編（２０１３）『シンポジウム録　東日本大震災の検証と来るべき震災の備えへの提言 ―資料保存と救済のあり方から』同所

奥村弘（２０１２）『大震災と歴史資料保存 ―阪神・淡路大震災から東日本大震災へ―』吉川弘文館

奥村弘（２０１４）『歴史文化を大災害から守る ―地域歴史資料学の構築―』東京大学出版会

国立歴史民俗博物館編（２０１２）『被災地の博物館に聞く』吉川弘文館

木部暢子編（２０１５）『災害に学ぶ ―文化資源の保全と再生―』勉誠出版

全国美術館会議東日本大震災文化財レスキュー事業記録集分科会・全国美術館会議事務局編『東日本大震災文化財レスキュー事業記録集』全国美術館会議

仙台市博物館編（２０１４）『仙台市博物館の資料レスキュー活動 ―東日本大震災後の取り組み―』同館

大学共同利用期間法人人間文化研究機構・国立歴史民俗博物館編（２０１３）『第四展示室特集展示 ―人間文化研究機構連携展示　東日本大震災と気仙沼の生活文化　図録と活動報告』一般財団法人歴史民俗博物館振興会

津波により被災した文化財の保存修復技術の構築と専門機関の連携に関するプロジェクト実行委員会編（２０１４）『安定化処理 ―大津波被災文化財保存修復技術連携プロジェクト―』同会・公益財団法人日本博物館協会・ＩＣＯＭ日本委員会

動産文化財救出マニュアル編集委員会編（２０１２）『動産文化財救出マニュアル ―思い出の品から美術工芸品まで―』クバプロ

東京国立博物館編（２０１５）『特別展　みちのくの仏像』ＮＨＫ・ＮＨＫプロモーション・読売新聞社

東北地方太平洋沖地震被災文化財等救援委員会事務局編

（２０１２）『平成23年度活動報告書』同事務局
東北地方太平洋沖地震被災文化財等救援委員会事務局編（２０１３ａ）『平成24年度活動報告書』同事務局
東北地方太平洋沖地震被災文化財等救援委員会事務局編（２０１３ｂ）『語ろう！文化財レスキュー ―被災文化財等救援委員会公開討論会報告書―』同事務局
独立行政法人国立文化財機構編著（２０１６）『第三回国連防災世界会議の枠組みにおける国際専門家会合「文化遺産と災害に強い地域社会」報告書』同機構
中村庸夫（２０１２）『がんばっぺ！アクアマリンふくしま ―東日本大震災から立ちなおった水族館―』フレーベル館
日本学術会議編（２０１１）『学術の動向』第16巻第12号 日本学術協力財団
日高真吾編（２０１２）『記憶をつなぐ ―津波災害と文化遺産―』国立民族学博物館
日高真吾（２０１５ａ）『災害と文化財 ―ある文化財科学者の視点から―』一般財団法人千里文化財団
日高真吾（２０１５ｂ）「大規模災害時における文化財レスキュー事業に関する一考察 ―東日本大震災の活動から振り返る―」『研究報告』第40巻第１号 国立民族学博物館
文化財保存修復学会編（２０１２）『文化財の保存と修復14 災害から文化財をまもる』クバプロ
文化庁文化財部監修（２０１３）『月刊文化財』平成25年11月号 第一法規
リア制作室編（２０１４）『芸術批評誌 リア 特集：震災とミュージアム』第31号 同室
ＲＤプロジェクト（２０１６）『被災写真救済の手引き』国書刊行会

東北学院大学の文化財レスキュー関連活動にかんする参考文献

加藤幸治（２０１２ａ）「文化財レスキューで大学博物館にできること」国立歴史民俗博物館編『被災地の博物館に聞く』吉川弘文館
加藤幸治（２０１２ｂ）「東北学院大学における被災文化財の支援活動」日高真吾編『記憶をつなぐ ―津波災害と文化遺産―』国立民族学博物館
加藤幸治（２０１２ｃ）「コレクションの来歴情報としての文化財レスキューカルテ」『民具マンスリー』第

45巻1号　神奈川大学日本常民文化研究所
加藤幸治（２０１３）「東日本大震災の民具の救援・保全活動の展開 ―宮城県における取組みとコレクションのこれから―」『民具研究』第１４７号　日本民具学会
加藤幸治（２０１４ａ）「デジタルヘリテージと文化遺産のこれから」『アジア文化史研究』第14号　東北学院大学大学院文学研究科
加藤幸治（２０１４ｂ）「文化財の新たな価値の創造 ―被災したコレクションによる「牡鹿半島のくらし展」の試みから―」『季刊民族学』１４８号　千里文化財団
加藤幸治（２０１５ａ）「復興のキュレーション ―被災資料を陳列して行う聞き書きの試みから―」『展示学』第52号　日本展示学会
加藤幸治（２０１５ｂ）「小規模地域博物館のこれから―学生と取り組む文化財レスキュー関連活動からの展望―」『全博協　研究紀要』第17号　全国大学博物館学講座協議会
加藤幸治（２０１５ｃ）「民俗学実習」における文化財レスキュー活動の取組み」『東北学院大学ＦＤニュース』24号　東北学院大学
加藤幸治（２０１６ａ）「脱・文化財レスキュー ―ポスト文化財レスキュー期における文化創造活動の実践―」橋本裕之・林勲男編『災害文化の継承と創造』臨川書店
加藤幸治（２０１６ｂ）「大規模災害と被災地の大学博物館 ―大学生と取り組む文化財レスキュー活動」『博物館研究』平成28年9月号　日本博物館協会
学校法人東北学院　法人事務局広報部広報課編（２０１２）『東日本大震災東北学院1年の記録』同課
学校法人東北学院　東日本大震災アーカイブプロジェクト委員会編（２０１４）『After 3. 11 東日本大震災と東北学院』学校法人東北学院
沼田愛（２０１２）「資料としての文化財レスキュー日誌」『民具マンスリー』第45巻1号　神奈川大学日本常民文化研究所
Motoko Okumoto, Takayuki Ako and Koji Kato.(2013)"How to share the record of restoration project of cultural properties damaged by Tsunami; The digitalization of the type of documents recorded by the

student volunteers". Proceedings of the 2013 Digital Heritage International Congress, the Institute of Electrical and Electronics Engineers.

災害と社会実践にかんする主な参考文献

石井正己（２０１３）『震災と民話―未来へ語り継ぐために』三弥井書店
岩本由輝編（２０１３）『歴史としての東日本大震災―口碑伝承をおろそかにするなかれ』刀水書房
小川久志（２０１３）『自然災害と社会・文化―タイのインド洋津波被災地をフィールドワーク―』風響社
香月洋一郎（２００２）『記憶すること・記録すること―聞書き論ノート―』吉川弘文館
川島秀一（２０１２）『津波のまちに生きて』冨山房インターナショナル
桜井厚（２００５）『境界文化のライフストーリー』せりか書房
桜井厚・石川良子編（２０１５）『ライフストーリー研究に何ができるか―対話的構築主義の批判的継承―』新曜社
清水展・木村周平編著（２０１５）『新しい人間、新しい社会―復興の物語を再創造する―』京都大学学術出版会
菅豊（２０１３）『「新しい野の学問」の時代へ―知的生産と社会実践をつなぐために―』岩波書店
仙台・宮城ミュージアムアライアンス編（２０１５）『東日本大震災とミュージアム』同
鈴木孝也（２０１３）『牡鹿半島は今―被災の浜、再興へ』河北新報出版センター
第七回みやぎ民話の学校実行委員会編（２０１２）『２０１１・３・11大地震大津波を語り継ぐために―声なきものの声をきき形なきものの形を刻む―』みやぎ民話の会
鶴見俊輔（１９４６）「言葉のお守り的使用法」『思想の科学』１９４６年５月号（のち鶴見（１９９２）『鶴見俊輔集3記号論集』筑摩書房所収）
中野卓（２００３）『生活史の研究（中野卓著作集生活史シリーズ１）』東信堂
西城戸誠・宮内泰介・黒田暁編（２０１６）『震災と地域再生―石巻市北上町に生きる人びと―』法政大学出版局

西芳美（2016）『被災地に寄り添う社会調査』京都大学学術出版会
野家啓一（2005）『物語の哲学 増補版』岩波書店
野家啓一・いがらしみきおほか（2016）『物語のかたち』せんだいメディアテーク
野口裕二（2009）『ナラティヴ・アプローチ』勁草書房
橋本裕之（2015）『震災と芸能 ―地域再生の原動力』追手門学院大学出版会
橋本裕之・林勲男編著（2016）『災害文化の継承と創造』臨川書店
林勲男編著（2015）『アジア太平洋諸国の災害復興 ―人道支援・集落移転・防災と文化―』明石書店
報道人ストレス研究会（2011）『ジャーナリストの惨事ストレス』現代人文社
松井豊編著（2005）『惨事ストレスへのケア』ブレーン出版
政岡伸洋（2012）「暮らしの文化と復興に向けての課題」『21世紀ひょうご』vol. 12 公益財団法人ひょうご震災記念21世紀研究機構
宮内泰介（2004）『自分で調べる技術 ―市民のための調査入門―』岩波アクティブ新書
宮本常一（1984）『忘れられた日本人』岩波文庫（初版は1960年、未來社）
宮本常一・安渓遊地（2008）『調査されるという迷惑 ―フィールドに出る前に読んでおく本―』みずのわ出版
山田富秋・好井裕明編（2013）『語りが拓く地平 ―ライフストーリーの新展開―』せりか書房
やまだようこ編（2000）『人生を物語る ―生成のライフストーリー―』ミネルヴァ書房
やまもと民話の会編集（2013）『語りつぐ ―小さな町を呑みこんだ巨大津波―』小学館
横浜国立大学教育相談・支援総合センター編（2008）『研究論集 トラウマとジャーナリズム：ジャーナリスト、編集者、管理職のためのガイド』同大学
Beverley Raphael. (1986) When Disaster Strikes: How Individuals and Communities Cope With Catastrophe, Basic Books.（訳：石丸正『災害の襲うとき ―カタストロフィの精神医学―』みすず書房、2016年）
Edwin Hamilton.(1992)Adult Education for Community Development, Greenwood Publishing Groupe.（訳：田

中雅文・笹井宏益・廣瀬隆人『成人教育は社会を変える』玉川大学出版部、２００3年）
Claire Bishop. (2012) Artificial Hells: Participatory Art and the Politics of Spectatorship, Verso.（訳：大森俊克『人工地獄 ―現代アートと観客の政治学―』フィルムアート社、２０１５年）
Ivan Illich. (1973) Tools for Conviviality, Marion Boyars.（訳：渡辺京二・渡辺梨佐『コンヴィヴィアリティのための道具』ちくま学芸文庫、２０１５年）
Miwon Kwon. (2004) One Place after Another: Site-Specific Art and Locational Identity, The MIT Press.
Pablo Helguera. (2011) Education for Socially Engaged Art: A Materials and Techniques Handbook, Lightning Source Inc.（訳：アート&ソサイエティ研究センターＳＥＡ研究会『ソーシャリー・エンゲージド・アート入門 ―アートが社会と深く関わるための10のポイント―』フィルムアート社、２０１５年）
Richard Sandell and Eithne Nightingale ed. (2012) Museums, Equality and Social Justice, Routledge.
United Nations(2012) Civil Affairs Handbook, United Nations Pubns
Uwe Flick.(2015) Introducing Research Methodology: A Beginner's Guide to Doing a Research Project, The Second Edition, SAGE Publications Ltd（訳：小田博志・山本則子・春日常・宮地尚子『新版 質的研究入門 ―〝人間の科学〟のための方法論―』春秋社

あとがき

本書は、東日本大震災を起点としたフィールドワークの記録です。復興の道半ばの三陸沿岸をフィールドとするわたしたちの活動は、現在進行形であり本書をもって区切りをつけようとするものではありません。

わたしの専門とする民俗学のフィールドワークは、概して数年ほど地域の人々と関わって、生活の歴史的展開に思いを巡らしていきながら、小さな調査報告を重ねていくのが第一段階です。そして、五、六年目ぐらいで少し人々の行動の意味やローカルな価値を実感をもっておもんばかれるようになったり、逆に地域との関係がギクシャクしたりして、次の段階に移ったなとわかるものです。そこから何にフォーカスして地域を描いていくかを考えながら、本格的な民俗誌へと向かっていき、ようやく何かが始まっていくような実感を抱いていくものです。本書を書き下ろしている二〇一六年は、東日本大震災が発生した二〇一一年から数えて六年目にあたり、まさにフィールドワークとしては第二段階です。わたしたちの調査や活動の地域内での位置付けが明確になっていくにつれて、その調査や活動自体がもはや自分たちの意図だけで動くものではなくなり、さまざまな人々との関係性のなかで展開していくようになってきています。そうした過程のなかで、ものを考えていくのがフィールドワークの醍醐味です。

被災地での生活や仕事は、イレギュラーな状況への対応の連続です。そのため、震災前にしてきたことの半分ぐらいのことしかできないので、従来してきたことの応用を考えるわけです。本書で紹介した、博物館活動と民俗調査を住民参加や地域連携のなかで進める方法は、実はわたしが大学生時代から震災前まで一貫して行ってきた馴染み深いものです。

最初のフィールドは、京都外国語大学の大学三回生時代から帝塚山大学大学院の修士課程時代まで七年ほど調査をした、淀川中流域に位置する大阪府三島郡島本町です。そこは、現在京都市文化財保護課の村上忠喜氏から民俗調査の手解きを受けた、わたしの最初の本格的なフィールドです。ここでわたしは、オーソドックスな民俗調査と民具整理作業に加え、同級生や仲間たちと企画した移動博物館を実践しました。民俗調査で得たデータをもとにした体験学習プログラムを、町内の全小学校を回って実践するキャラバン形式の活動で、そのプログラムは地域の文化団体のみなさんと小学校教員や指導主事とともに作りました。最終的には、わたしが執筆した民俗誌と移動博物館の体験学習の学習指導書を掲載した『モノと環境の民俗誌』（島本町教育委員会、一九九九年）を刊行しました。この民俗誌には、当時の大学院指導教員であった岩井宏實先生に序文を寄せていただきました。今年身罷られた岩井先生の学恩には、その後のさまざまな制約から十分報いることができませんでした。しかし本書を執筆するにあたり、わたしの研究の焦点が先生のいう「あるく」「みる」「きく」＋「つくる」「つたえる」を実践することで活動のモデルを提示することにあると再認識するに至り、牡鹿半島で取り組むべきことも明確になった思いがします。

大学院を修了して、和歌山県立紀伊風土記の丘に民俗担当学芸員として一〇年間奉職することになりました。ここで毎年三本程度の企画展を回していくために、ほぼ紀伊半島全域で継続的な調査を進めていかなければなりませんでした。当時は、自分一人の力では資料調査も民具収集も展覧会のペースに追いつかないので、地域のいろいろな人々に助けてもらったり、一緒に企画を進めたりすることになり、結果的に地域連携が育まれていきました。そうして開催する展示会は、そのまま各地域への成果のフィードバックでもあり、そこからさらに要望が上がってきたり、批判に晒されたり、逆にこちらから提案を行ったりして、関係が深まっていきました。この紀伊半島をフィールドとした博物館展示＋市民参画の諸活動は、「市民のなかの民俗博物館」として岩本通弥・菅豊・中村淳編『民俗学の可能性を拓く　―「野の学問」とアカデミズム』（青弓社、二〇一二年）で報告し、民俗誌は社会評論社より『紀伊半島の民俗誌　―技術と道具の物質文化論―』として刊行していただきました。

現在取り組んでいる牡鹿半島をフィールドとした「復興」キュレーションは、こうしたノウハウの被災地への応用です。このプロジェクトは活動を継続しつつ、生活のエピソードを民俗調査を踏まえて説明づけていくような民俗誌の作成を目指していきます。そこでは、地域の文化のイメージを提示したり、地域住民にとって〝地続きな〟感覚にたった地域像を提案したりすることもできるかもしれません。地域のこれからの動き次第では、もっとちがった意義を担うことになるかもしれませんし、逆に地域のくらしを描いていくためのデータバンクのような素朴な形式になるかもしれません。この活動は、今後もオンゴーイングに考えながら、進めていくことになるでしょう。

第三章の語りの集積の部分は、もっともっとたくさんのエピソードを紹介したいのですが、それはこれからの展示会で活用していきたいと思います。本書で掲載したエピソードは、それぞれが直接関連しているわけではありません。しかしどれも、牡鹿半島の生活から紡ぎ出された物語です。多様な背景を持つ人々で構成される半島の町としての鮎川浜は、地縁・血縁以上に「働くことがつなぐ縁」が基盤となっています。コミュニティを一枚岩でとらえてしまうことが、この地域における生活の歴史の実態にあまりにそぐわないため、わたしたちのプロジェクトではよりミクロな「ライフ」に視座をおいてきました。柳田国男の名著『遠野物語』のように、バラバラで瑣末なエピソードの集積を、深い人々の営みの理解へと至るためには、もっと工夫が必要だと痛感していますが、本書はひとまずくらしの魅力に触れてもらうためにいくらかのエピソードを収録しました。

第四章の主張は、社会関与型の実践をいかに組み込むかが、現代の民俗誌の課題であるという考えに基づくものです。それについて本書では、アメリカのハリケーン被災地で実践している研究者との議論、イタリアでのさまざまな専門家や活動家、ジャーナリストとの議論、フランスでの「デジタルヘリテージ」に関係する研究者等との議論などを紹介してきました。東日本大震災の被災地のひとつである鮎川浜というミクロな地域で起こっていくことが、そのままグローバルに共有できる課題に接合していきます。また、国際会議でトピックとなる課題、アートやモノづくりの世界での新たな方法など、民俗学の枠組みから飛び出してみていくと、社会にはものを考えるヒントが偏在していることに気づきます。

本書の副題は「語りのオーナーシップで作り伝える〝くじらまち〟」としています。これは、社会評論社の編集者である板垣誠一郎氏と議論しながらつけたものです。「作り伝える」を、何を持って進めるか。民俗学の内輪の議論にとどめず、しかし民俗学者だから主張できるものは何か。それは本書で展開する「語りのオーナーシップ」であろう。それによって描き出されるのは、港町でも宿場町でもない、クジラとの関わりに支えられた町〝くじらまち〟なのだ…。板垣氏とは、いつもこうした議論で本作りをしますが、今回もそうして本書を世に送り出すことができました。

「語りのオーナーシップ」とは、正確には「語りのローカル・オーナーシップ」と表記すべきですが、要するに地域の人々が「思い出を語れること」の価値を人々自身が認識することです。「所有」と訳されることも多いこの言葉を、わたしはあえて「当事者意識」と読み替えました。津波の被災地では、次の災害へのリスク軽減から設定される安全なエリアに移住するか、地域外に出て生活再建を行うかを選択しなければなりません。住居が残った地区においても、社会的にも経済的も大きく変化せざるを得ない地域の復興過程において、さまざまな選択を迫られます。ポスト文化財レスキュー期は、地域に残るにせよ、転出するにせよ、人々の地域に対する特別な思いが動揺する過程です。「語りのオーナーシップ」と寄り添う研究者の役割としては、専門分野の知見に基づいて一方的に地域のくらしの特色を説明するのではなく、地域の人々のローカルな価値に対してより情報を充実させたり、意味づけを行ったりするような役割があります。

ところで一九九五年、わたしは大学の三回生の時に阪神淡路大震災を経験しました。四年生はほとんど大学の授業にも出ず、前述の淀川中流域でのフィールドワークをしつつ、ボランティア活動や状況の推移の理解のため、一九九八年ごろまで足繁く神戸の被災地に通っていました。今回の東日本大震災後、神戸での実感をもとに念頭に置いていたのは、被災地の社会的な状況はつねに動き続け、文化的な価値づけも揺れ動いていくということでした。当時のわたしは何の専門家でもなかったので、できることといえば使い走りか作業的な手伝いが関の山でしたが、東日本大震災の被災地での活動のベースとなっています。大学生たちが東日本大震災で活動することが、次の困難な状況で動ける人材をひとりでも作り出すことにつなげればと願っています。

わたしたちのプロジェクトにおいては、大学三年生のチームワークを一年間をかけて醸成しつつ、四年生や大学院生が活動をリードするかたちで、大学生主体の「研究のコミュニティ」を構築していくことを最重視しています。活動のなかでは学生ひとりひとりのできること／できないこと、好きなこと／嫌いなことがお互いに把握され（いわゆるキャラが〝立ってくる〟）、年度終盤にははたらく集団としてのかたちが整っていきます。圧倒的な作業量と外部からの目に曝されるプレッシャーが、人を育てていくのです。こうした学生間、および大学生と教員との関わりのなかで、数々のプロジェクトを遂行していくと、彼らのなかでプロジェクトの一翼を担う実感を得るところまでいきます。それを経験すると、大学生たちの行動は大きく違ったものになっていき、さまざまな提案が出てきたり、地域の人々との関わりのなかで新たな展開が生まれたりすることがあります。そうして作り上げてきた「復興キュレーション」ですから、これまでこの活動に関与してきた大学生には最大限の敬意を表さずにはいられません。

また、東北学院大学文学部歴史学科の同僚の民俗学教員である政岡伸洋氏とは、折に触れてフィールドワーク論を闘わせることで、わたしは問題意識を磨き続けてくることができました。

大震災からこれまでの六年弱、わたしは被災地での調査研究に行き詰っても、孤軍奮闘しているような不安を抱くことがほとんどありませんでした。社会関与型の実践に調査研究が導びかれるわたしの実践とは対極的に、政岡氏のアプローチは、調査研究が社会関与型の実践を導いていく、もうひとつのフィールドワークのモデルです。それがあるからこそ、わたしはみずからの位置を認識することができています。政岡氏には、この場を借りて深く感謝したいと思います。

震災当時のわたしの家族は、住んでいたマンションが地震の影響から住むことができなくなり、一ヶ月ほど避難所や友人宅、妻の実家などを転々とすることを余儀なくされました。震災後、わたしは関西で馴染みの研究者に久しぶりに会うと、決まって顔が全然違うとか、性格が変わったとか、言われるようになりました。確かに何か根本的な価値観の転換の最中にある実感はありますが、それはまだ言語化できずにいます。

ただ、困難ななかでも、生活を維持することの大切さを身にしみて感じるうちに、わたしは震災後ワーク＝ライフ・バランスを意識的に大きく変えました。そして震災を契機に、生活のなかにさまざまな問いがあることに目が向くようになりました。また、プロジェクトの過程で浮き彫りになる問いは、ふだんの生活のなかにある問いに通底するものであったり、共鳴する要素があったりすることも知りました。そうしたミクロな問いこそ、グローバルに共有できる議論の素材になりえるのです。この生活することの大切さを思いつつ、研究の基盤となる家族をともに営む妻とふたりの子どもたち、そして研究の道を歩ませてくれた母に感謝を伝え、いったん筆を擱きたいと思います。

著者紹介

加藤 幸治

（かとう こうじ）

東北学院大学文学部歴史学科教授・同大学博物館学芸員。専門は民俗学、とくに物質文化論。静岡県出身。
総合研究大学院大学文化科学研究科比較文化学専攻（国立民族学博物館に設置）修了、博士（文学）の学位取得。第 17 回日本民具学会研究奨励賞（2003 年）・第 21 回近畿民具学会小谷賞（2003 年）・第 16 回総合研究大学院大学研究賞（2011 年）を受賞。
現在、文化遺産防災ネットワーク有識者会議委員、日本民俗学会第 31 期理事、日本民具学会第 17 期理事ほかを務める。
主な著作として、単著に『郷土玩具の新解釈　無意識の“郷愁”はなぜ生まれたか』（社会評論社、2011 年）、『紀伊半島の民俗誌　技術と道具の物質文化論』（社会評論社、2012 年）、共著に　国立歴史民俗博物館編『被災地の博物館に聞く』（吉川弘文館、2012 年）、日高真吾編『記憶をつなぐ　津波災害と文化遺産』（財団法人千里文化財団、2012 年）、橋本裕之・林勲男編『災害文化の継承と創造』（臨川書店、2016 年）ほかがある。

キオクのヒキダシ 2

復興キュレーション

語りのオーナーシップで作り伝える〝くじらまち〟

2017 年 1 月 15 日初版第 1 刷発行

著／加藤幸治

発行者／松田健二

発行所／株式会社　社会評論社

〒 113-0033　東京都文京区本郷 2-3-10　お茶の水ビル

電話　03（3814）3861　FAX　03（3818）2808

装丁／中原達治

印刷製本／倉敷印刷株式会社

http://shahyo.sakura.ne.jp/wp/（ブログ）

ISBN978-4-7845-1734-3 C0030

●既 刊

郷土玩具の新解釈

無意識の"郷愁"はなぜ生まれたか

加藤幸治／著

郷土玩具は「無意識の郷愁」を生み出した。江戸時代への懐古と西洋文明への賛美。相反する憧憬が交差した近代日本「趣味の思想史」。大正の関東大震災がコレクションを消失させても、趣味に生きる知識人は交流を保ち「郷土」を考えた。柳田國男や渋沢敬三といった研究者が、郷土玩具趣味と民俗学とを分離したのはなぜか。百余年前の様々な知的実践の実例を掘り起こし、郷土玩具を学問的に位置づける新たな試み。

四六判並製・336 頁　定価＝本体 2,400 円＋税　ISBN978-4-7845-1508-0

紀伊半島の民俗誌

技術と道具の物質文化論

加藤幸治／著

物質文化と技術の民俗誌（農村・山村・海村）の実験から、流通民具論の新たなアプローチを提案 「人・モノ・情報の流通」の問題意識にたち、特定の時代と状況の痕跡を示すモノの文脈を読みとる試み。近代化とは技術の画一化を促す一方で、その受容のありかたの多様さゆえに地域的差異を生み出す過程でもあった。人々の個別の状況（＝生活世界）の論理こそが、技術やモノ（民具）を逆に規定していく歴史的推移を記録した 10 年に及ぶフィールドワークの成果。

Ａ５判上製・560 頁　定価＝本体 4,286 円＋税　ISBN978-4-7845-1711-4